【权威解读】

消耗臭氧层物质管理条例释义

主 编

张要波 赵柯 李天威

中国法治出版社
CHINA LEGAL PUBLISHING HOUSE

编委会

主　编：张要波　　赵　柯　　李天威
副主编：田超奇　　王　炜　　石晓群

撰稿人：王鸿雁　　秦　琴　　宋二猛　　王晓密
　　　　张乃月　　闻　闽　　董文福　　杨　倩
　　　　邢雪彬　　尚舒文　　李　娟　　韩笑晨
　　　　王　磊　　李思成　　王一雯　　王　倩
　　　　刘莹莹　　汉春伟

目 录

第一章 总 则

第 一 条 【立法目的】 ·· 1

第 二 条 【消耗臭氧层物质定义和《中国受控消耗臭氧层物质清单》制定、调整和公布】 ············· 5

第 三 条 【适用范围】 ·· 6

第 四 条 【消耗臭氧层物质监督管理体制】 ················ 8

第 五 条 【削减、淘汰消耗臭氧层物质】 ···················· 11

第 六 条 【限制或者禁止新建、改建、扩建生产、使用消耗臭氧层物质建设项目，限制或者禁止生产、使用、进出口消耗臭氧层物质，以及特殊用途】 ·········· 14

第 七 条 【国家对消耗臭氧层物质的生产、使用、进出口实行总量控制和配额管理】 ····················· 18

第 八 条 【消耗臭氧层物质替代品和替代技术】 ········ 21

第 九 条 【举报】 ·· 25

第二章 生产、销售和使用

第 十 条 【消耗臭氧层物质生产、使用配额许可证申请主体和不需要申请领取使用配额许可证情形】 ········· 28

第十一条 【消耗臭氧层物质生产、使用单位资质条件】 ········· 30

第十二条 【消耗臭氧层物质生产配额或者使用配额申请、审查程序和时限】 ·· 33

第十三条 【消耗臭氧层物质的生产配额或者使用配额许可证载明主要内容】 ··· 35

第十四条 【消耗臭氧层物质生产、使用配额调整申请、审查程序和时限】 ········· 36

第十五条 【消耗臭氧层物质生产单位根据生产配额许可证规定的品种、数量、期限生产消耗臭氧层物质，并根据生产配额许可证规定的用途生产、销售消耗臭氧层物质】 ········· 38

第十六条 【消耗臭氧层物质使用单位根据使用配额许可证规定的品种、用途、数量、期限使用消耗臭氧层物质】 ········· 40

第十七条 【消耗臭氧层物质备案管理范围、层级】 ········· 41

第十八条 【消耗臭氧层物质的购买和销售行为】 ········· 45

第十九条 【防止或者减少消耗臭氧层物质泄漏和排放以及无害化处置】 ········· 47

第二十条 【从事消耗臭氧层物质相关经营活动单位的原始资料保存和相关数据报送，消耗臭氧层物质生产、使用单位安装和使用自动监测设备】 ········· 49

第三章 进出口

第二十一条 【国家对进出口消耗臭氧层物质实行名录管理和实施配额许可及进出口审批】 ········· 53

第二十二条 【消耗臭氧层物质进出口审批程序和有效期】 ········· 56

第二十三条 【商务部门、海关在各自职责范围内对消耗臭氧层物质实施进出口管理以及消耗臭氧层物质出入境特殊情况】 ········· 58

第四章 监督检查

第二十四条 【生态环境主管部门和其他有关部门监督检查权】 ······ 60

第二十五条 【生态环境主管部门和其他有关部门进行监督检查时有权采取的措施】 ········· 61

第二十六条 【监督检查人员规范履行职责】 ········· 63

第二十七条 【各级生态环境主管部门和其他有关部门履行消耗臭氧层物质管理和监督检查责任】 …………………… 64

第二十八条 【地方人民政府生态环境主管部门或者其他有关部门监督制约机制】 ………………………………… 65

第五章 法律责任

第二十九条 【负有消耗臭氧层物质监督管理职责的部门及其工作人员未依法履行职责的法律责任衔接】 ……… 67

第 三 十 条 【无生产配额许可证生产消耗臭氧层物质的法律责任】 ……………………………………………………… 71

第三十一条 【无使用配额许可证使用消耗臭氧层物质、违法将已淘汰的消耗臭氧层物质用于特定用途的法律责任】 …………………………………………………… 73

第三十二条 【超配额许可证生产、销售、使用消耗臭氧层物质的法律责任】 …………………………………… 75

第三十三条 【非法销售或者购买消耗臭氧层物质的法律责任】 …… 78

第三十四条 【未采取必要措施防止或者减少消耗臭氧层物质泄漏和排放的法律责任】 ………………………… 80

第三十五条 【未按规定对消耗臭氧层物质进行回收、循环利用或者无害化处置的法律责任】 ………………… 81

第三十六条 【未按规定对消耗臭氧层物质进行无害化处置而直接排放消耗臭氧层物质的法律责任】 ………… 83

第三十七条 【涉及消耗臭氧层物质的相关单位,未履行备案、材料保存、申报、配合监督检查等义务的法律责任】 …………………………………………………… 84

第三十八条 【未按规定安装、使用自动监测设备的法律责任】 …… 86

第三十九条 【违反进出口许可管理制度进出口消耗臭氧层物质的法律责任】 …………………………………… 88

第 四 十 条 【拒绝、阻碍监督检查,或者在接受监督检查时弄虚作假的法律责任】 ……………………………… 90

第四十一条　【将受到行政处罚的记入信用记录】 …………… 92

第六章　附　则

　第四十二条　【施行时间】 …………………………………… 93

附　录

　中华人民共和国国务院令（第770号） …………………… 95

　国务院关于修改《消耗臭氧层物质管理条例》的决定 …… 96

　消耗臭氧层物质管理条例 …………………………………… 101

　司法部、生态环境部负责人就《国务院关于修改〈消耗臭氧

　　层物质管理条例〉的决定》答记者问 …………………… 111

消耗臭氧层物质管理条例

第一章 总 则

第一条 为了加强对消耗臭氧层物质的管理，履行《保护臭氧层维也纳公约》和《关于消耗臭氧层物质的蒙特利尔议定书》规定的义务，保护臭氧层和生态环境，保障人体健康，根据《中华人民共和国大气污染防治法》，制定本条例。

◆ 释义

本条是关于立法目的的规定。

加强消耗臭氧层物质管理，是保护臭氧层和生态环境、应对气候变化的重要举措，党中央、国务院高度重视。为加强对消耗臭氧层物质的管理，更好履行相关国际公约义务，2010年国务院制定并颁布了《消耗臭氧层物质管理条例》（以下简称条例）。条例对消耗臭氧层物质生产、使用、销售、回收、再生利用、进出口等环节的管理措施均作了明确规定，构建了全链条的管理制度。条例施行10多年来发挥了积极作用，我国对消耗臭氧层物质的管理更加规范、有力，成效更为显著。与此同时，条例在施行中也反映出一些与当前实际需要不相适应的问题，有必要修改完善：一是为履行我国已接受的《〈关于消耗臭氧层物质的蒙特利尔议定书〉基加利修正案》（以下简称《基加利修正案》）规定的义务，需要对条例有关内容作相应调整；二是根据实际情况，有必要进一步完善消耗臭氧层物质的管理措施，提升监管效能；三是为有效遏制违法行为，需要强化法律责任，加大处罚力度。

在深入调查研究并向社会公开征求意见的基础上，司法部、生态环境部研究起草了《国务院关于修改〈消耗臭氧层物质管理条例〉的决定（草案）》。这次修改坚持突出重点，聚焦履行国际公约义务、完善消耗臭氧层物质管理措施、强化法律责任等问题确定修改内容，着力增强针对性和实效性。2023年12月18日，国务院第21次常务会议审议通过了该草案。2023年12月29日，国务院总理李强签署第770号国务院令，公布《国务院关于修改〈消耗臭氧层物质管理条例〉的决定》（以下简称《修改决定》），自2024年3月1日起施行。

条例的立法目的是：

一、加强对消耗臭氧层物质的管理，保护臭氧层和生态环境，保障人体健康

臭氧层是分布在大气平流层中距地面15至25公里富含臭氧的部分，通过吸收太阳光中绝大部分有害的中短波紫外线，保护地球生态环境和人类健康。科学发现20世纪70年代，臭氧层中的臭氧总量有逐渐减少的趋势，并在南极上空形成了臭氧层"空洞"，北极和其他中纬度地区上空也都不同程度地出现了臭氧层损耗现象。臭氧层"空洞"和损耗会导致大量对人体及其他地表生物有害的太阳光紫外线到达地球表面，不但会降低人体免疫力，增加白内障、皮肤癌等疾病的发病率，还会对植物、海洋生物造成负面影响。由此，臭氧层破坏问题受到各国政府和科学界的广泛关注，控制、减少并最终淘汰消耗臭氧层物质成为国际社会的共识。消耗臭氧层物质涉及种类较多，在我国广泛用于化工生产、家用制冷、工商制冷、泡沫保温、电子产品、医疗器械、烟草、农业、制药、检疫、消防等十多个行业。修改后的条例贯彻落实党中央、国务院关于消耗臭氧层物质管理工作的决策部署，针对实践中存在的问题进一步完善对消耗臭氧层物质的监管措施，为保护臭氧层和生态环境，保障人体健康提供更加有力的法治保障。

二、履行相关国际公约规定的义务

《保护臭氧层维也纳公约》（以下简称《公约》）缔结于1985年，是全球保护臭氧层行动的重要法律基础。《公约》的目的是促进和鼓励各国就保护臭氧层这一问题进行合作研究和信息交流，要求缔约方采取适当的方法和行政措施，控制或者禁止一切破坏臭氧层的活动，保护人类健康和环境。《公约》虽未达成实质性的控制协议，但为后续采取国际性控制措施做好了准备。

1987年，国际社会签署了《关于消耗臭氧层物质的蒙特利尔议定书》（以下简称《议定书》）。作为落实《公约》精神的全球性协定，《议定书》为最终淘汰消耗臭氧层物质设定了具体可执行的任务。《议定书》对缔约方有几个基本要求：一是按照《议定书》规定的淘汰时间表削减国家消耗臭氧层物质的生产量和使用量；二是建立消耗臭氧层物质进出口许可制度，禁止缔约方与非缔约方之间进行贸易；三是每年向公约秘书处报告前一年度国家消耗臭氧层物质生产、使用和进出口数据；四是与《公约》的缔约方定期进行信息交换。自《议定书》缔结以来，已进行五次修正。2016年10月，《议定书》第28次缔约方大会通过了《基加利修正案》，是最近一次修正案，已于2019年1月1日起在全球生效。

在《基加利修正案》之前，《议定书》要求逐步淘汰全氯氟烃（CFCs）、哈龙、四氯化碳（CTC）、甲基氯仿、含氢氯氟烃（HCFCs）、含氢溴氟烃、溴氯甲烷和甲基溴8类96种消耗臭氧层物质（中国仅有其中6大类）。《议定书》遵循"共同但有区别责任"原则，对不同的受控物质，结合发达国家与发展中国家的不同情况分别制定了明确的淘汰时间表，总体上发展中国家淘汰时间比发达国家推迟10年左右。消耗臭氧层物质作为制冷剂、发泡剂、灭火剂、溶剂、清洗剂、加工助剂、杀虫剂、气雾剂、膨胀剂的生产和使用属于受控用途。这类用途不改变消耗臭氧层物质的化学性质，待产品报废时消耗臭氧层物质最终会排放到大气中，并与平流层中的臭氧分子反应分解臭氧，破坏臭氧层浓度，导致臭氧层"空洞"。比如建筑物最终拆除时，建筑保温材料中作为发泡剂的消耗臭氧层物质最终会排放到大气中。又比如，家里的空调最终报废拆解时，作为制冷剂的消耗臭氧层物质最终会排放到大气中。国际公约对所有国家均按年度设定了消耗臭氧层物质受控用途生产和使用的量化履约目标，规定了淘汰期限。为确保按时间淘汰，对于这些消耗臭氧层物质受控用途的生产量、使用量，各国普遍采用总量控制和配额许可的管理手段。对于作为原料用途的消耗臭氧层物质，《议定书》并没有规定需要淘汰，但需要报告相关情况，各国普遍使用登记或者备案的管理手段。同时,《议定书》特别指出有关控制措施必须考虑发展中国家的特殊情况,由发达国家出资建立多边基金资助发展中国家开展消耗臭氧层物质的淘汰和替代,并就技术转让作出相关规定。

《基加利修正案》增补了 18 种氢氟碳化物(HFCs)进入《议定书》管控范围。HFCs 是消耗臭氧层物质的主要替代品之一,不会损害臭氧层,但属于超强温室气体,其升温效应是二氧化碳的几十倍至上万倍,也是《联合国气候变化框架公约》及其相关协议管控的温室气体,应用广泛,涉及汽车空调、家用制冷、工商制冷、消防、泡沫、气雾剂等行业。《基加利修正案》开启了协同应对臭氧层损耗和气候变化的新篇章。与消耗臭氧层物质需要完全淘汰的要求不同,HFCs 执行的是削减时间表,最终仍可保留生产和使用基线量的 20%。与《联合国气候变化框架公约》重在管控排放不同,《议定书》的重要任务在于管控 HFCs 的生产和使用,从源头设置逐年削减目标,从而达到减少排放的目的。

我国于 1989 年正式加入《公约》,于 1991 年加入《议定书》。2021 年 4 月,习近平主席宣布中国决定接受《基加利修正案》,同年 9 月 15 日《基加利修正案》对我国正式生效。至此,我国加入了所有关于《议定书》的修正案。我国一直认真履行国际公约义务,积极采取措施淘汰受控物质,大力推广绿色低碳替代技术,履约情况受到国际社会普遍赞誉。此次修改条例,落实国际公约的新要求,将 HFCs 纳入受控物质范围,强化法律责任,有利于加强国际公约受控物质管理,保护生态环境和保障人体健康,同时也是深度参与全球环境治理的有力抓手,有利于树立我国负责任大国形象。

此外,该条明确了条例立法依据为《中华人民共和国大气污染防治法》,其中第 85 条规定,"国家鼓励、支持消耗臭氧层物质替代品的生产和使用,逐步减少直至停止消耗臭氧层物质的生产和使用。国家对消耗臭氧层物质的生产、使用、进出口实行总量控制和配额管理。具体办法由国务院规定"。

第二条 本条例所称消耗臭氧层物质，是指列入《中国受控消耗臭氧层物质清单》的化学品。

《中国受控消耗臭氧层物质清单》由国务院生态环境主管部门会同国务院有关部门制定、调整和公布。

◆ **释义**

本条是关于消耗臭氧层物质定义和《中国受控消耗臭氧层物质清单》制定、调整和公布的规定。

一、关于消耗臭氧层物质的定义

本条第1款规定，条例所称消耗臭氧层物质，是指列入《中国受控消耗臭氧层物质清单》的化学品，删除了此前消耗臭氧层物质概念中"对臭氧层有破坏作用"的表述。主要考虑是：HFCs作为淘汰消耗臭氧层物质替代品被广泛应用，但后来发现其具有远高于二氧化碳的温室效应，需要进行管控。《议定书》中通过附件A、附件B、附件C和附件E列明了消耗臭氧层物质的种类与名称。《基加利修正案》通过后，《议定书》下增加了附件F，其中分两组列出了HFCs：第1组包含17种HFCs；第2组仅包含三氟甲烷（HFC-23）。《基加利修正案》为发展中国家和发达国家分别制定了削减时间表。2021年9月15日，《基加利修正案》对我国正式生效。修改后的条例落实《基加利修正案》的要求，将HFCs纳入受控物质范围。由于HFCs对臭氧层没有破坏作用，《修改决定》删除"对臭氧层有破坏作用"的表述，以便将HFCs列入《中国受控消耗臭氧层物质清单》。

二、关于《中国受控消耗臭氧层物质清单》的制定、调整和公布

本条第2款规定，《中国受控消耗臭氧层物质清单》由国务院生态环境主管部门会同国务院有关部门制定、调整和公布。这里的"国务院有关部门"是指国家发展改革委、工业和信息化部。为了履行《公约》《议定书》及其修正案规定的义务，根据2010年发布的《消耗臭氧层物质管理条例》（国务院令第573号）的有关规定，原环境保护部、国家发展改革委、工业和信息化部共同制定了《中国受控消耗臭氧层物质清单》，并于2010年9月27日予以公告（2010年第72号）。2021年9月15日，《基加利修正案》

对我国正式生效后，2021年9月29日，生态环境部、国家发展改革委、工业和信息化部共同修订了《中国受控消耗臭氧层物质清单》，并予以公告（2021年第44号）。

第三条 在中华人民共和国境内从事消耗臭氧层物质的生产、销售、使用和进出口等活动，适用本条例。

前款所称生产，是指制造消耗臭氧层物质的活动。前款所称使用，是指利用消耗臭氧层物质进行的生产经营等活动，不包括使用含消耗臭氧层物质的产品的活动。

◆ **释义**

本条是关于适用范围的规定。

一、关于适用条例的具体活动

在理解和应用行政法规时，了解其适用范围是至关重要的。这有助于确保行政法规适用的准确性、公正性和合法性，同时也有助于保障行政相对人的合法权益。

行政法规的适用范围，具体包括时间效力、空间效力以及对人、事情的效力。时间效力是指行政法规开始生效的时间和终止生效的时间，即行政法规在什么时间段内具有约束力，超出这个时间范围，行政法规则无法适用。条例第42条对其时间效力作出了规定。空间效力是指行政法规生效的地域范围。法律、行政法规等通常适用于全国，而地方性法规、地方政府规章等则仅在本地区有效。本条第1款明确，条例作为行政法规，适用于中华人民共和国境内。对人、事情的效力是指行政法规对哪些主体、哪些行为适用。本条第1款对适用条例的具体活动的范围作了规定，即消耗臭氧层物质的生产、销售、使用和进出口等活动。《公约》第2条规定，各缔约国应依照《公约》以及所加入且已生效的《议定书》的各项规定采取适当措施，以保护人类健康和环境，使之免受足以改变或者可能改变臭氧层的人类活动所造成的或者可能造成的不利影响。为此目的，各缔约国应在其能力范围内采取适当的立法和行政措施，开展合作，协调适当的政策，以便在发现其管辖或者控制范围内的某些人类活动已经或者可能由于改变或者可能改变臭氧层而造成不利影响时，对这些活动加以控制、限制、削减或者禁止。《议定书》第 2 条明确规定缔约方应按照规定的时间表淘汰本国的消耗臭氧层物质生产和使用，第 4 条明确缔约方应限制与非缔约方的消耗臭氧层物质进出口贸易，并建立和实施对新生的、使用过、再循环和再生的受控物质的进出口发放许可证的制度。由此，生产、使用和进出口的管理是上述公约的强制性要求，我国作为缔约方必须遵守。

对销售行为的管理主要是为了更好地跟踪了解消耗臭氧层物质的去向和用途，确保消耗臭氧层物质的合法来源和去向。因为消耗臭氧层物质涉及行业和用途较多，一种物质通常有多种用途，而不同用途的管理措施和淘汰时间表往往存在差异，因此，为了确保消耗臭氧层物质在销售环节流向合法的用途，条例对消耗臭氧层物质销售行为设立了一定的管理措施和规定。此外，消耗臭氧层物质的回收、再生利用和销毁等活动也属于条例的管理范畴，由于相较生产、使用和进出口的管理，回收、销毁等活动属于管理的末端，因此本条中没有特别指出，但在条例中有相应的条款对这些行为进行了规范。

具体而言，条例第 2 章专门对消耗臭氧层物质的生产、销售和使用作出规定，明确了消耗臭氧层物质的生产、使用单位应当申请领取生产或者使用配额许可证，消耗臭氧层物质的销售单位应当办理备案手续，消耗臭氧层物质的购买和销售行为只能在符合条例规定的消耗臭氧层物质的生产、销售和使用单位之间进行等管理要求。条例第 3 章专门对消耗臭氧层物质的进出口作出规定，明确了进出口列入《中国进出口受控消耗臭氧层物质名录》的消耗臭氧层物质的单位应当落实申请进出口配额、申请领取进出口许可证、办理通关手续等管理要求。

除了生产、销售、使用和进出口消耗臭氧层物质的活动外，从事含消耗臭氧层物质的制冷设备、制冷系统或者灭火系统的维修、报废处理，以及从事消耗臭氧层物质回收、再生利用或者销毁等经营活动，也应当适用条例管理。例如，条例第 19 条第 2 款规定，从事含消耗臭氧层物质的制冷设备、制冷系统或者灭火系统的维修、报废处理等经营活动的单位，应当对消耗臭氧层物质进行回收、循环利用或者交由从事消耗臭氧层物质回收、再生利用、销毁等经营活动的单位进行无害化处置。从事消耗臭氧层物质回收、再生利用、销毁等经营活动的单位，以及生产过程中附带产生消耗臭氧层物质的单位，应当对消耗臭氧层物质进行无害化处置，不得直接排放。

二、关于生产、使用的内涵

本条所规定的"生产"是指制造消耗臭氧层物质的活动，管理对象是消耗臭氧层物质生产单位。本条所规定的"使用"，是指利用消耗臭氧层物质进行的生产经营等活动，不仅包括直接利用消耗臭氧层物质进行的生产经营等活动，还包括利用含有消耗臭氧层物质的原料进行的生产经营等活动，其管理对象是相关生产经营主体。例如，利用含有一定浓度三氯一氟甲烷的组合聚醚，生产聚氨酯泡沫的情形，属于此处的"使用"。但是，使用含消耗臭氧层物质的产品的活动，如我们家庭日常生活中或者商超在经营活动中使用含消耗臭氧层物质的冰箱、空调、冷柜等，不属于此处的"使用"。

第四条 消耗臭氧层物质的管理工作应当坚持中国共产党的领导，贯彻党和国家路线方针政策和决策部署。

国务院生态环境主管部门统一负责全国消耗臭氧层物质的监督管理工作。

国务院商务主管部门、海关总署等有关部门依照本条例的规定和各自的职责负责消耗臭氧层物质的有关监督管理工作。

地方人民政府生态环境主管部门和商务等有关部门依照本条例的规定和各自的职责负责本行政区域消耗臭氧层物质的有关监督管理工作。

◆ 释义

本条是关于消耗臭氧层物质监督管理体制的规定。

《中华人民共和国环境保护法》第 10 条规定，国务院环境保护主管部门，对全国环境保护工作实施统一监督管理；县级以上地方人民政府环境保护主管部门，对本行政区域环境保护工作实施统一监督管理。县级以上人民政府有关部门和军队环境保护部门，依照有关法律的规定对资源保护和污染防治等环境保护工作实施监督管理。本条从消耗臭氧层物质管理的角度对上述规定作了进一步细化。本条根据统一管理、分工负责的原则，对国务院生态环境主管部门、国务院有关部门和地方人民政府生态环境主管部门、地方人民政府有关部门在消耗臭氧层物质监督管理方面的职责作了规定。

一、消耗臭氧层物质的管理工作应当坚持中国共产党的领导

《中央党内法规制定工作规划纲要（2023—2027年）》要求，完善把党的领导贯彻到党和国家机构履行职责全过程的制度。将党中央决策部署及时转化为法律法规，推进党的领导入法入规，使国家机关依法履行职责的过程同时成为坚持和加强党的全面领导的过程。

2019年印发的《中共中央关于加强党的政治建设的意见》明确提出，"贯彻落实宪法规定，制定和修改有关法律法规要明确规定党领导相关工作的法律地位"，"注重运用法治思维和法治方式治国理政，善于使党的主张通过法定程序成为国家意志、转化为法律法规，自觉把党的领导活动纳入制度轨道"。

为落实上述要求，本条第1款明确，消耗臭氧层物质的管理工作应当坚持中国共产党的领导，贯彻党和国家路线方针政策和决策部署。

二、国务院生态环境主管部门在消耗臭氧物质管理方面的主要职责

国务院生态环境主管部门是指2018年组建的生态环境部。党的十九届三中全会审议通过的《深化党和国家机构改革方案》规定，将环境保护部的职责，国家发展和改革委员会的应对气候变化和减排职责，国土资源部的监督防止地下水污染职责，水利部的编制水功能区划、排污口设置管理、流域水环境保护职责，农业部的监督指导农业面源污染治理职责，国家海洋局的海洋环境保护职责，国务院南水北调工程建设委员会办公室的南水北调工程项目区环境保护职责整合，组建生态环境部，作为国务院组成部门。《生态环境部职能配置、内设机构和人员编制规定》明确，生态环境部负责制定大气、水、海洋、土壤、噪声、光、恶臭、固体废物、化学品、机动车等的污染防治管理制度并监督实施；会同有关部门监督管理饮用水水源地生态环境保护工作，组织指导城乡生态环境综合整治工作，监督指导农业面源污染治理工作。监督指导区域大气环境保护工作，组织实施区

域大气污染联防联控协作机制；组织拟订应对气候变化及温室气体减排重大战略、规划和政策；与有关部门共同牵头组织参加气候变化国际谈判；负责国家履行联合国气候变化框架公约相关工作。

本条第 2 款规定，国务院生态环境主管部门统一负责全国消耗臭氧层物质的监督管理工作。根据条例规定，国务院生态环境主管部门的监督管理职责主要包括：制定、调整和公布《中国受控消耗臭氧层物质清单》和《中国消耗臭氧层物质替代品推荐名录》；拟订《中国履行〈关于消耗臭氧层物质的蒙特利尔议定书〉国家方案》；确定并公布限制或者禁止新建、改建、扩建生产、使用消耗臭氧层物质建设项目的类别；制定并公布限制或者禁止生产、使用、进出口消耗臭氧层物质的名录；确定国家消耗臭氧层物质的年度生产、使用和进出口配额总量；制定相关主体安装自动监测设备及联网的具体办法；建立健全消耗臭氧层物质的数据信息管理系统，收集、汇总和发布消耗臭氧层物质的生产、使用、进出口等数据信息；对超出生产配额许可证规定的品种、数量、期限生产消耗臭氧层物质等行为，按照规定予以核减配额数量、吊销配额许可证等。

三、国务院商务主管部门、海关总署等有关部门在消耗臭氧物质管理方面的主要职责

本条第 3 款规定，国务院商务主管部门、海关总署等有关部门依照本条例的规定和各自的职责负责消耗臭氧层物质的有关监督管理工作。根据条例规定，国务院商务主管部门、海关总署按照职责分工主要负责或者参与以下消耗臭氧层物质管理工作：制定、调整和公布《中国进出口受控消耗臭氧层物质名录》；受理行政相对人的进出口许可申请；为行政相对人办理通关手续；对于列入必须实施检验的进出口商品目录的消耗臭氧层物质，依法实施检验；对于以欺骗、贿赂等不正当手段取得消耗臭氧层物进出口许可证的，撤销其进出口许可证等。

四、地方人民政府生态环境主管部门和商务等有关部门在消耗臭氧物质管理方面的主要职责

本条第 4 款规定，地方人民政府生态环境主管部门和商务等有关部门依照条例的规定和各自的职责负责本行政区域消耗臭氧层物质的有关监督管理工作。

需要说明的是，2016年9月，中共中央办公厅、国务院办公厅印发的《关于省以下环保机构监测监察执法垂直管理制度改革试点工作的指导意见》明确，市级环保局实行以省级环保厅（局）为主的双重管理，仍为市级政府工作部门。县级环保局调整为市级环保局的派出分局，由市级环保局直接管理，领导班子成员由市级环保局任免。考虑到目前正在进一步深化推进省以下生态环境机构监测监察执法垂直管理制度改革，为给下一步的改革预留空间，借鉴《中华人民共和国土壤污染防治法》《中华人民共和国固体废物污染环境防治法》《排污许可管理条例》的立法经验，《修改决定》删去了修改前的条文中"县级以上"的表述，将地方生态环境局表述为"地方人民政府生态环境主管部门"，对地方生态环境主管部门层级的规定未作明确限定。地方人民政府环境保护主管部门的职责主要包括：接受有关单位和个人对违反规定的行为的举报，并及时调查处理；接受消耗臭氧层物质的销售单位等主体的备案；与相关主体安装的自动监测设备联网；要求被检查单位提供有关资料；进入被检查单位的生产、经营、储存场所调查和取证；将监督检查中发现的违反规定的行为及处理情况逐级上报至国务院生态环境主管部门；对未按照规定对消耗臭氧层物质进行无害化处置而直接排放等行为，按照规定予以处罚等。地方人民政府有关部门主要负责根据本部门的职责在本行政区域内负责消耗臭氧层物质的有关监督管理工作。我国幅员辽阔，国务院相关主管部门主要是从宏观上负责消耗臭氧层物质的管理工作，更为细致的工作则需要充分发挥地方人民政府相关主管部门的积极性和主动性。

此外，地方在维护国家法治统一的前提下，也可以结合本地实际出台地方性法规或者地方政府规章，并制定有利于本行政区域消耗臭氧层物质管理工作的规划、计划等。

第五条 国家逐步削减并最终淘汰作为制冷剂、发泡剂、灭火剂、溶剂、清洗剂、加工助剂、杀虫剂、气雾剂、膨胀剂等用途的消耗臭氧层物质。

禁止将国家已经淘汰的消耗臭氧层物质用于前款规定的用途。

国务院生态环境主管部门会同国务院有关部门拟订《中国履行〈关于消耗臭氧层物质的蒙特利尔议定书〉国家方案》（以下简称国家方案），报国务院批准后实施。

◆ **释义**

本条是关于削减、淘汰消耗臭氧层物质的规定。

自加入《议定书》以来，我国克服产业转型、资金短缺、从业人员再就业等重重困难，积极采取措施逐步淘汰消耗臭氧层物质的生产和使用，大力推广绿色低碳替代技术，付出了巨大努力和代价，累计淘汰消耗臭氧层物质总量占发展中国家淘汰量的一半以上。研究报告显示，1991年到2020年的30年间，中国在淘汰消耗臭氧层物质的过程中，累计避免约260亿吨二氧化碳当量温室气体排放。[1]

一、削减并最终淘汰的消耗臭氧层物质

本条第1款规定，国家逐步削减并最终淘汰作为制冷剂、发泡剂、灭火剂、溶剂、清洗剂、加工助剂、杀虫剂、气雾剂、膨胀剂等用途的消耗臭氧层物质。

作为制冷剂、发泡剂、灭火剂、溶剂、清洗剂、加工助剂、杀虫剂、气雾剂、膨胀剂等用途的消耗臭氧层物质在日常生产、生活中应用极为广泛。作为制冷剂的消耗臭氧层物质有CFCs等，主要应用于空调、冰箱、冰柜等制冷设备中。作为发泡剂的消耗臭氧层物质有HCFCs等，主要应用于管道、冷藏集装箱、建筑等的保温材料中。灭火剂是能够有效地破坏燃烧条件，中止燃烧的物质，作为灭火剂的消耗臭氧层物质有哈龙等，主要应用于灭火器等灭火设备或者系统中。作为溶剂的消耗臭氧层物质有甲基氯仿等，主要应用于工业生产中。作为清洗剂的消耗臭氧层物质有HCFCs等，主要应用于一次性医疗器械、电子元器件、金属设备等的清洗中。作为加

---

[1] WU J, DING S, FANG X, et al., Banks, emissions, and environmental impacts of China's ozone depletion substances and hydrofluorocarbon substitutes during 1980 – 2020 [J/OL], Science of The Total Environment, 2023, 882: 163586. https://doi.org/10.1016/j.scitotenv.2023.163586, 最后访问于2025年3月10日。

工助剂的消耗臭氧层物质有 CTC 等，主要应用于化工生产活动中。作为杀虫剂的消耗臭氧层物质有甲基溴等，主要应用于杀虫、海关口岸检疫等活动中。作为气雾剂的消耗臭氧层物质有 HCFCs 等，主要应用于药物喷剂等产品中。作为膨胀剂的消耗臭氧层物质有 CFCs 等，主要应用于烟丝膨胀等活动中。目前，我国已实现 CFCs、哈龙、CTC、甲基氯仿、甲基溴五类消耗臭氧层物质作为制冷剂、发泡剂、灭火剂、溶剂、清洗剂、加工助剂、杀虫剂、气雾剂、膨胀剂等用途的全面淘汰，并正在开展 HCFCs 的淘汰工作。

二、禁止将已经淘汰的消耗臭氧层物质用于制冷剂、发泡剂、灭火剂、溶剂、清洗剂、加工助剂、杀虫剂、气雾剂、膨胀剂等用途

本条第 2 款规定，禁止将国家已经淘汰的消耗臭氧层物质用于前款规定的用途，即第 1 款规定的制冷剂、发泡剂、灭火剂、溶剂、清洗剂、加工助剂、杀虫剂、气雾剂、膨胀剂等用途。该款规定是《修改决定》新增加的内容，为禁止违法使用已经淘汰的消耗臭氧层物质提供了更加明确的法律依据。同时，针对该款规定，《修改决定》设置了相应法律责任。根据条例第 31 条规定，将已淘汰的消耗臭氧层物质用于制冷剂、发泡剂、灭火剂、溶剂、清洗剂、加工助剂、杀虫剂、气雾剂、膨胀剂等用途的，由所在地生态环境主管部门责令停止违法行为，没收违法使用的消耗臭氧层物质、违法使用消耗臭氧层物质生产的产品和违法所得，并处 20 万元以上 50 万元以下的罚款；情节严重的，并处 50 万元以上 100 万元以下的罚款，拆除、销毁用于违法使用消耗臭氧层物质的设备、设施。

三、拟订《中国履行〈关于消耗臭氧层物质的蒙特利尔议定书〉国家方案》

本条第 3 款规定，国务院生态环境主管部门会同国务院有关部门拟订《中国履行〈关于消耗臭氧层物质的蒙特利尔议定书〉国家方案》（以下简称国家方案），报国务院批准后实施。《修改决定》将国家方案名称由"《中国逐步淘汰消耗臭氧层物质国家方案》"修改为"《中国履行〈关于消耗臭氧层物质的蒙特利尔议定书〉国家方案》"。主要考虑是：在《基加利修正案》达成之前，《议定书》要求淘汰所有消耗臭氧层物质。《基加利修正案》达成后，《议定书》继续要求淘汰原有的消耗臭氧层物质，但未对新纳入管控范围的 HFCs 规定淘汰目标，而是要求将其削减至基线的一定

比例范围内。如果继续在国家方案中使用"淘汰"的表述，会导致国家方案的名称与内容不匹配。为避免外界对我国履约工作产生不必要的误解，《修改决定》修改了国家方案名称。

国家方案本质上是我国履行《议定书》的基本行动方案，是制定和实施各行业淘汰计划以及各类相关政策措施的依据。我国加入《议定书》后，1991 年，经国务院批准，成立了由原环境保护部牵头，18 个部门组成的国家保护臭氧层领导小组，其中包括外交部、公安部、财政部、海关总署等，作为跨部门的协调机构。国务院于 1993 年批准实施了《中国逐步淘汰消耗臭氧层物质国家方案》，并据此细化形成了主要生产和消费行业淘汰消耗臭氧层物质战略。1999 年，我国对国家方案进行了修订，重新调查、核实了消耗臭氧层物质的生产、使用情况及其发展趋势，确定了适合中国国情的替代品和替代技术，进一步明确了总体淘汰战略和行业淘汰计划，提出了具有可操作性的政策措施和监督管理制度。通过实施国家方案，我国有效控制了消耗臭氧层物质生产和消费的增长势头，为履约工作奠定了坚实基础。随着我国淘汰消耗臭氧层物质工作的不断推进和深入，生态环境部正在会同国务院有关部门对国家方案进行修订和调整。

第六条 国务院生态环境主管部门根据国家方案和消耗臭氧层物质淘汰进展情况，会同国务院有关部门确定并公布限制或者禁止新建、改建、扩建生产、使用消耗臭氧层物质建设项目的类别，制定并公布限制或者禁止生产、使用、进出口消耗臭氧层物质的名录。

因特殊用途确需生产、使用前款规定禁止生产、使用的消耗臭氧层物质的，按照《关于消耗臭氧层物质的蒙特利尔议定书》有关允许用于特殊用途的规定，由国务院生态环境主管部门会同国务院有关部门批准。

◆ 释义

本条是关于限制或者禁止新建、改建、扩建生产、使用消耗臭氧层物质建设项目，限制或者禁止生产、使用、进出口消耗臭氧层物质，以及特殊用途的规定。

一、确定并公布限制或者禁止新建、改建、扩建生产、使用消耗臭氧层物质建设项目的类别，制定并公布限制或者禁止生产、使用、进出口消耗臭氧层物质的名录

本条第1款规定，国务院生态环境主管部门根据国家方案和消耗臭氧层物质淘汰进展情况，会同国务院有关部门确定并公布限制或者禁止新建、改建、扩建生产、使用消耗臭氧层物质建设项目的类别，制定并公布限制或者禁止生产、使用、进出口消耗臭氧层物质的名录。

（一）关于限制或者禁止新建、改建、扩建生产、使用消耗臭氧层物质建设项目的类别

为了逐步削减并最终淘汰消耗臭氧层物质的生产和使用，首先要对生产、使用消耗臭氧层物质的建设项目进行管理，从源头控制相关项目的审批和建设。而对这些项目的管理还涉及发展改革、生态环境、工业和信息化等多个部门之间的协调与合作。根据履约进程，国务院生态环境主管部门会同国务院有关部门分批次出台相关文件，对限制或者禁止新建、改建、扩建生产、使用消耗臭氧层物质建设项目作出明确规定。例如，2018年1月，原环境保护部发布《关于生产和使用消耗臭氧层物质建设项目管理有关工作的通知》（环大气〔2018〕5号），提出如下要求：一是禁止新建、扩建生产和使用作为制冷剂、发泡剂、灭火剂、溶剂、清洗剂、加工助剂、气雾剂、土壤熏蒸剂等受控用途的消耗臭氧层物质的建设项目。二是改建、异址建设生产受控用途的消耗臭氧层物质的建设项目，禁止增加消耗臭氧层物质生产能力。三是新建、改建、扩建生产化工原料用途的消耗臭氧层物质的建设项目，生产的消耗臭氧层物质仅用于企业自身下游化工产品的专用原料用途，不得对外销售。四是新建、改建、扩建副产CTC的建设项目，应当配套建设CTC处置设施。再如，2021年12月，生态环境部办公厅、国家发展改革委办公厅、工业和信息化部办公厅发布《关于严格控制第一批氢氟碳化物化工生产建设项目的通知》（环办大气〔2021〕29号），提出如下要求：一是自2022年1月1日起，各地不得新建、扩建附件所列用作制冷剂、发泡剂等受控用途的HFCs化工生产设施（不含副产设施），

环境影响报告书（表）已通过审批的除外。二是已建成的附件所列 HFCs 化工生产设施，需要进行改建或异址建设的，不得增加原有 HFCs 生产能力或新增附件所列 HFCs 产品种类。2024 年 7 月，生态环境部办公厅、国家发展改革委办公厅、工业和信息化部办公厅再次发布《关于严格控制氢氟碳化物化工生产建设项目的通知》（环办大气〔2024〕22 号），自 2024 年 8 月 1 日起，各地不得新建、扩建所有 18 种受控用途氢氟碳化物化工生产设施，环境影响报告书（表）已通过审批的除外。

（二）关于限制或者禁止生产、使用、进出口消耗臭氧层物质的名录

根据消耗臭氧层物质淘汰工作的进展，当某个行业已经基本具备了完全淘汰某种消耗臭氧层物质生产或者使用的能力时，国务院生态环境主管部门会同国务院有关部门发布限制或者禁止生产、使用、进出口消耗臭氧层物质的通知，向社会进行公告。国务院生态环境主管部门会同国务院有关部门已分批次出台相关文件，对限制或者禁止生产、使用、进出口消耗臭氧层物质等作出明确规定。例如，在限制或者禁止生产方面，2005 年 12 月，原国家环境保护总局发布《关于禁止生产和使用消耗臭氧层物质三氟三氯乙烷的公告》（原国家环境保护总局公告 2005 年第 60 号），明确自 2006 年 1 月 1 日起在全国范围内禁止生产和使用三氟三氯乙烷（CFC-113）；在限制或者禁止使用方面，2023 年 8 月，生态环境部发布《关于禁止生产以含氢氯氟烃（HCFCs）为硅油稀释剂或清洗剂的一次性医疗器械产品的公告》（生态环境部公告 2023 年第 29 号），明确自 2023 年 12 月 1 日起，不得生产以 HCFCs 为硅油稀释剂或者清洗剂的一次性医疗器械产品，对违反上述规定使用 HCFCs 的企业，由生态环境主管部门会同有关部门依法予以处罚；在限制或者禁止进出口方面，2000 年 3 月，原国家环境保护总局、原对外贸易经济合作部、海关总署联合发布《关于禁止企业突击进口受控消耗臭氧层物质四氯化碳的紧急通告》（环发〔2000〕48 号），明确自 2000 年 4 月 1 日起，禁止进口 CTC，并对《关于发布〈中国进出口受控消耗臭氧层物质名录（第一批）〉的通知》中其他所列物质实行进出口配额和许可证管理。

总体来看，无论是限制或者禁止新建、改建、扩建生产、使用消耗臭氧层物质建设项目的类别，还是限制或者禁止生产、使用、进出口消耗臭

氧层物质的名录，均不是单个文件，而是多个文件的集合。以上相关文件，不仅对相关行业起到宣传和指导作用，而且是各相关部门和各级政府执法检查的重要依据，是确保实现消耗臭氧层物质生产和使用完全淘汰的重要政策手段，为我国顺利完成《议定书》履约任务起到保障作用。

二、因特殊用途确需生产、使用前款规定禁止生产、使用的消耗臭氧层物质的审批

本条第 2 款规定，因特殊用途确需生产、使用前款规定禁止生产、使用的消耗臭氧层物质的，按照《议定书》有关允许用于特殊用途的规定，由国务院生态环境主管部门会同国务院有关部门批准。

虽然为了保护臭氧层，履行相关国际公约规定的义务，需要逐步淘汰受控用途的消耗臭氧层物质，但由于在国防、航空、航天、医药、检疫、实验室和分析等领域可能存在某些特殊用途的消耗臭氧层物质还没有成熟的替代品和替代技术，因此国际公约一方面明确允许在一些特定领域豁免使用特定的消耗臭氧层物质；另一方面通过严格的程序来避免各国滥用豁免权利，并且不断努力寻找可行的替代技术。一旦替代技术成熟，豁免就会被取消。《议定书》规定的特殊用途主要包括以下几种情况：(1) 在医药领域，吸入式药用气雾剂是治疗哮喘和慢性阻塞性肺病的药品，其生产过程中使用 CFCs 作为推进剂。按照《议定书》规定，从 2010 年 1 月 1 日开始，发展中国家应停止所有 CFCs 的生产和使用。但由于药品的特殊性，CFCs 的替代过程比较复杂和漫长，因此，《议定书》允许在 CFCs 完全淘汰后的一定期限内，各国每年继续申请下一年度此用途的豁免使用量，但需要满足一系列的申请要求，比如提交企业库存情况、国家转换战略等（具体管理要求可参见经《议定书》第二十次缔约方大会第 XX/3 号决定修订后的《必要用途提名手册》）。(2) 在进出口检验检疫方面，甲基溴的杀虫能力极强，是目前检疫药剂的最佳选择，世界各国普遍使用甲基溴进行一些进出口货物的检疫，至今仍未找到理想的替代品，《议定书》也将其列为可以豁免的用途。《议定书》第 2H 条第 6 款规定，"本条下消费和生产计算数量应不包括缔约方用于检疫和装运前用途的数量"。尽管目前甲基溴在全球用作检疫用途的使用都是豁免的，但《议定书》要求各国严格对其进行监管，每年报送相关数据。此外，各国也在积极努力寻找适合的替代品以及减少甲基溴检疫用量的方法。（3）消耗臭氧层物质实验室和分析用途。由于消耗臭氧层物质作为实验室和分析用途的用量很小，且很多用途目前还没有找到技术和经济方面均可行的替代品，因此《议定书》缔约方会议决定这些用途在有效的管理下可以豁免使用。目前，有一些实验室和分析用途由于已有可行的替代技术已从缔约方会议关于实验室和分析用途的豁免清单中删除。具体情况参见《议定书》第 VII/11 号、第 IX/17 号、第 X/19 号、第 XI/15 号、第 XXI/6 号决定。

第七条 国家对消耗臭氧层物质的生产、使用、进出口实行总量控制和配额管理。国务院生态环境主管部门根据国家方案和消耗臭氧层物质淘汰进展情况，商国务院有关部门确定国家消耗臭氧层物质的年度生产、使用和进出口配额总量，并予以公告。

◆ 释义

本条是关于国家对消耗臭氧层物质的生产、使用、进出口实行总量控制和配额管理的规定。

总量控制一般是指为了达到对某种物质的管理和控制目标，由主管部门根据一定标准预先设定目标总量，然后依照具体条件和要求分配总量。配额管理是指在总量目标确定后，根据法律法规确定的具体要求，结合申请人的条件和资质，由主管部门分配给其一定的数量额度。申请人由此获得的数量额度称为配额。根据《议定书》的规定，各缔约方必须严格按照规定的时间表削减直至完全淘汰本国消耗臭氧层物质的生产和使用，并建立进出口许可证制度。建立和实施总量控制和配额许可证制度是《议定书》各缔约方为确保实现消耗臭氧层物质定量削减目标普遍确立的立法制度。美国、欧盟、印度、巴西等国家和地区都通过总量控制和配额管理制度加强对生产、使用和进出口消耗臭氧层物质的管理。《中华人民共和国大气污染防治法》第 85 条第 2 款规定："国家对消耗臭氧层物质的生产、使用、进出口实行总量控制和配额管理。具体办法由国务院规定。"设定年度总量是保证国家按期削减和淘汰消耗臭氧层物质的前提，也是国家履行相关国际公约义务的要求；配额管理制度是总量控制制度的配套制度，是实现总量控制的具体措施。有效的配额管理制度一方面可以帮助国家实现总量控制目标，将总量目标分解到不同的企业，另一方面也能够根据淘汰工作的进展和实际市场需求进行企业间的配额调整，以实现配额的公平和有效利用。总之，配额管理是消耗臭氧层物质管理过程中的关键环节。据此，本条规定，国家对消耗臭氧层物质的生产、使用、进出口实行总量控制和配额管理。

我国在加入《议定书》及其修正案之后，依照其中确定的淘汰时间表，逐步削减直至最终淘汰消耗臭氧层物质。在实践中，消耗臭氧层物质的管理工作涉及多个行业和部门，国家方案中也确定了分行业淘汰的策略，因此，在每个具体行业或者具体物质上，国家也会设定总量目标。总量的确定主要有两个依据，一是《议定书》针对各组受控物质设定的基线水平和淘汰时间表，这是我国作为缔约方必须实现的总量削减目标。例如，《议定书》规定发展中国家附件 1 第一组物质 CFCs 的控制基线是 1995—1997 年的平均水平，发展中国家应在 1999 年将 CFCs 的生产和使用冻结在基线水平上，并在 2005 年削减基线水平的 50%，2007 年削减基线水平的 85%，2010 年削减基线水平的 100%。我国 1999—2010 年 CFCs 的生产和使用总量就是依据以上规定确定的。二是各行业在淘汰消耗臭氧层物质过程中，根据行业自身情况制定的行业淘汰战略和计划。《议定书》虽然只规定了特定时间点的总量削减目标，但是在实践中，我国各行业根据淘汰工作的需求又制定了更加具体的每年度的消耗臭氧层物质总量控制目标。由于《议定书》要求的总量削减目标是按照每组物质的消耗臭氧潜能值（ODP 值）作为单位来衡量的，但每组物质中不同的消耗臭氧层物质的 ODP 值存在差别，因此，在总量控制的过程中要综合考虑各行业各类物质淘汰的实际进度、替代品成熟度，将总量分解到每种具体物质上。为了让消耗臭氧层物质生产、使用和进出口企业以及监督执法部门了解每年度国家消耗臭氧层物质的总量控制目标和配额分配方案，以便遵照实施，本条规定国务院生态环境主管部门根据国家方案和消耗臭氧层物质淘汰进展情况，商国务院有关部门确定国家消耗臭氧层物质的年度生产、使用和进出口配额总量，并予以公告。

一、关于消耗臭氧层物质的生产

根据条例第 10 条规定，消耗臭氧层物质的生产单位，应当依照条例的规定申请领取生产配额许可证。因此，只要从事消耗臭氧层物质的生产活动，必须申请领取生产配额许可证。例如，2024 年 1 月 27 日，生态环境部办公厅发布《关于核发 2024 年度消耗臭氧层物质和氢氟碳化物生产、使用和进口配额的通知》（环办大气〔2024〕3 号），向 17 家单位核发 2024 年度 HCFCs 生产配额和内用生产配额，其中生产配额共计 213470 吨，内用生产配额共计 128081 吨。根据条例第 30 条规定，如果无生产配额许可证生产消耗臭氧层物质，相关主体应当承担"拆除、销毁用于违法生产消耗臭氧层物质的设备、设施""100 万元以上 500 万元以下的罚款"等法律责任。需要说明的是，无生产配额许可证生产，不仅包括依法应当获得生产配额许可证但无生产配额许可证生产的情形，还包括依法不能获得生产配额许可证而无生产配额许可证生产的情形，如生产已经淘汰的消耗臭氧层物质的行为。

二、关于消耗臭氧层物质的使用

根据条例第 10 条规定，消耗臭氧层物质的使用单位应当申请领取使用配额许可证，但是，使用单位有下列情形之一的，不需要申请领取使用配额许可证：（1）维修单位为了维修制冷设备、制冷系统或者灭火系统使用消耗臭氧层物质的；（2）实验室为了实验分析少量使用消耗臭氧层物质的；（3）海关为了防止有害生物传入传出使用消耗臭氧层物质实施检疫的；（4）国务院生态环境主管部门规定的不需要申请领取使用配额许可证的其他情形。修改前的条例授权国务院生态环境主管部门规定消耗臭氧层物质使用单位不需要申请领取使用配额许可证的情形，但对这类不领取许可证的单位如何管理，措施不够明确。为进一步加强全过程监管，《修改决定》将这类单位纳入了备案管理范围。

三、关于消耗臭氧层物质的进出口

根据条例第 21 条和第 23 条的规定，进出口消耗臭氧层物质的单位，应当向国家消耗臭氧层物质进出口管理机构申请进出口配额，领取进出口审批单，并提交拟进出口的消耗臭氧层物质的品种、数量、来源、用途等情况的材料。取得消耗臭氧层物质进出口审批单的单位，应当按照国务院商务主管部门的规定申请领取进出口许可证，持进出口许可证向海关办理通关手续。

第八条 国家鼓励、支持消耗臭氧层物质替代品和替代技术的科学研究、技术开发和推广应用。

国务院生态环境主管部门会同国务院有关部门制定、调整和公布《中国消耗臭氧层物质替代品推荐名录》。

开发、生产、使用消耗臭氧层物质替代品，应当符合国家产业政策，并按照国家有关规定享受优惠政策。对在消耗臭氧层物质淘汰工作中做出突出成绩的单位和个人，按照国家有关规定给予奖励。

◆ **释义**

本条是关于消耗臭氧层物质替代品和替代技术的规定。

一、国家鼓励、支持相关科学研究、技术开发和推广应用

本条第1款规定，国家鼓励、支持消耗臭氧层物质替代品和替代技术的科学研究、技术开发和推广应用。淘汰消耗臭氧层物质需要强有力的科学技术支持。同时，淘汰消耗臭氧层物质的过程也是相关产业转型升级的过程。我国空调制造、工商制冷、泡沫等消耗臭氧层物质使用行业在实施技术改造淘汰消耗臭氧层物质的同时，通过不断改进技术装备能力，提高了产品质量和能效，也提高了生产技术水平。在淘汰消耗臭氧层物质的过程中，我国大力推进消耗臭氧层物质替代品和替代技术的科学研究、技术开发和推广应用。加强替代品和替代技术相关能力建设，刺激替代品和替代技术市场供应，是保障可持续履约不可或缺的重要部分。只有解决了替代品和替代技术的问题，才能从根本上保证淘汰的顺利进行，保证相关行业的健康发展。例如，2023年12月，国家发展改革委公布《产业结构调整指导目录（2024年本）》（以下简称《目录（2024年本）》）。《目录（2024年本）》将"采用新型制冷剂替代氢氯氟碳化物（HCFC-22或R22）和氢氟碳化物（HFCs）的空调器和配件开发、制造，采用新型发泡剂替代氢氯氟碳化物（HCFC-141b）和氢氟碳化物（HFCs）的家用电器生产，采用新型发泡剂替代氢氯氟碳化物（HCFC-141b）和氢氟碳化物（HFCs）的硬质聚氨酯泡沫的生产与应用""消耗臭氧层物质和氢氟碳化物替代品开发与利用，消耗臭氧层物质和氢氟碳化物处置技术开发与应用"等纳入鼓励类投资项目，并明确了鼓励和支持措施。

二、《中国消耗臭氧层物质替代品推荐名录》

本条第 2 款规定，国务院生态环境主管部门会同国务院有关部门制定、调整和公布《中国消耗臭氧层物质替代品推荐名录》。

我国自 1991 年加入《议定书》以来，持续开展消耗臭氧层物质的淘汰和替代，并在 2004 年、2007 年分别发布了《消耗臭氧层物质（ODS）替代品推荐目录（第一批）》及其修订稿，推荐了 CFCs、哈龙、甲基溴和甲基氯仿的替代品，对推动这四类消耗臭氧层物质的如期淘汰起到了重要作用。

目前，我国正在开展 HCFCs 的淘汰和替代工作，并已实现 2013 年冻结、2015 年削减 10% 和 2020 年削减 35% 的目标，正在向 2025 年削减 67.5% 的目标加速迈进。为进一步推进消耗臭氧层物质淘汰进程，实现国家履约目标，2023 年，生态环境部、工业和信息化部联合印发了《中国消耗臭氧层物质替代品推荐名录》（环办大气函〔2023〕198 号，以下简称《名录》）。这是推进消耗臭氧层物质淘汰进程、实现国家履约目标的重要保证。在工作实践中，各地方、各行业迫切需要替代品方面的指导意见，以引导行业企业顺利开展含消耗臭氧层物质的淘汰和替代。为做好引导工作，《名录》主要规定了以下内容：一是明确被替代物质及替代品的用途类型和主要应用领域。目前在我国有受控用途生产和使用的 HCFCs 共 5 种，其中一氯二氟甲烷、1,1-二氯-1-氟乙烷、1-氯-1,1-二氟乙烷三种物质占全国 HCFCs 生产总量的比重较大。《名录》推荐了此三种 HCFCs 的 23 个替代品，其中制冷剂替代品 7 个，发泡剂替代品 7 个，清洗剂替代品 9 个（类），涉及房间空调器和家用热泵热水器、工商制冷、泡沫、清洗等行业。《名录》同时给出替代品的主要应用领域，为相关行业、企业研发和使用替代品提供指导。二是突出替代品臭氧层友好和绿色低碳的双重属性。2021 年 9 月 15 日，《基加利修正案》正式对我国生效，作为 HCFCs 主要替代品的超级温室气体 HFCs 被纳入管控范围，将逐步开始削减和替代。《名录》

注重推广绿色低碳替代品，标明了替代品的消耗臭氧潜能值和全球升温潜能值。其中，所有替代品的消耗臭氧潜能值均为0，近80%的替代品全球升温潜能值小于20，在保护臭氧层的基础上指导相关行业企业绿色低碳替代。当然，根据不同履约阶段及相关行业替代品和替代技术发展情况，生态环境部将联合相关部门评估、筛选新的替代品，及时更新和完善《名录》。

三、优惠政策及奖励

本条第3款规定，开发、生产、使用消耗臭氧层物质替代品，应当符合国家产业政策，并按照国家有关规定享受优惠政策。对在消耗臭氧层物质淘汰工作中做出突出成绩的单位和个人，按照国家有关规定给予奖励。

（一）关于国家产业政策

国家产业政策是国家为了引导产业发展方向、推动产业结构升级、协调产业结构、促进国民经济健康可持续发展而制定的一系列政策措施。国家产业政策在不同的阶段针对不同的产业领域进行了具体的规定和指导，以实现资源的优化配置，提高经济效益和社会效益。例如，《目录（2024年本）》由鼓励、限制和淘汰三类目录组成。鼓励类主要是对经济社会发展有重要促进作用的技术、装备及产品；限制类主要是工艺技术落后，不符合行业准入条件和有关规定，不利于安全生产，不利于实现碳达峰碳中和目标，需要督促改造和禁止新建的生产能力、工艺技术、装备及产品；淘汰类主要是不符合有关法律法规规定，严重浪费资源、污染环境，安全生产隐患严重，阻碍实现碳达峰碳中和目标，需要淘汰的落后工艺技术、装备及产品。鼓励类、限制类和淘汰类之外的，且符合国家有关法律、法规和政策规定的属于允许类。其中，除第1款中介绍的鼓励类外，《目录（2024年本）》将"以含氢氯氟碳化物（HCFCs）和氢氟碳化物（HFCs）为制冷剂、发泡剂、灭火剂、溶剂、清洗剂、加工助剂等受控用途的聚氨酯泡沫塑料生产线、连续挤出聚苯乙烯泡沫塑料（XPS）生产线以及冰箱、冰柜、汽车空调器、工业商业用冷藏、制冷设备生产线"等纳入限制类；将"用于制冷、发泡、清洗等受控用途的氯氟烃（CFCs）、含氢氯氟烃（HCFCs，作为下游化工产品原料的除外），用于清洗的1,1,1-三氯乙烷（甲基氯仿），主产四氯化碳（CTC）、以四氯化碳（CTC）为加工助剂的所有产品"等纳入淘汰类。

（二）关于优惠政策

优惠政策是指国家为了鼓励某些行业的发展、支持特定群体或者地区、促进经济和社会发展而制定的一系列减免税费、提供财政补贴、优化融资环境等政策措施。这些政策旨在降低相关成本，提高市场竞争力，激发市场活力。消耗臭氧层物质替代品的开发利用对促进国家产业结构优化调整、节约能源和资源具有重要作用，因此应首先符合我国产业政策的相关规定，并按照国家有关规定享受优惠政策。如前所述，《目录（2024年本）》将"消耗臭氧层物质和氢氟碳化物替代品开发与利用，消耗臭氧层物质和氢氟碳化物处置技术开发与应用"等纳入鼓励类投资项目。同时，《促进产业结构调整暂行规定》第17条规定："对鼓励类投资项目，按照国家有关投资管理规定进行审批、核准或备案；各金融机构应按照信贷原则提供信贷支持；在投资总额内进口的自用设备，除财政部发布的《国内投资项目不予免税的进口商品目录（2000年修订）》所列商品外，继续免征关税和进口环节增值税，在国家出台不予免税的投资项目目录等新规定后，按新规定执行。对鼓励类产业项目的其他优惠政策，按照国家有关规定执行。"随着淘汰消耗臭氧层物质工作的进展，国家还将继续研究对替代品和替代技术开发的相关鼓励政策以及科技支撑计划。

（三）关于奖励

以习近平同志为核心的党中央高度重视功勋荣誉表彰工作。党的十八大以来，习近平总书记多次对党和国家功勋荣誉表彰工作作出重要指示，强调要充分发挥党和国家功勋荣誉表彰的精神引领、典型示范作用，推动全社会形成见贤思齐、崇尚英雄、争做先锋的良好氛围。对在消耗臭氧层物质淘汰工作中做出突出成绩的单位和个人按照规定给予奖励，对于激发相关单位和个人在消耗臭氧层物质淘汰工作中的积极性、主动性和创造性十分必要。我国关于奖励的规定涵盖了党、国家、军队等各方面，形成了健全的奖励制度体系。目前，我国的奖励制度由多方面规定组成。例如，《中华人民共和国国家勋章和国家荣誉称号法》规定了国家勋章和国家荣誉称号的名称和授予对象，提名、决定和授予，获得者的奖励形式，奖章的设计、制作等内容。《国家功勋荣誉表彰条例》规定，中央和国家机关，各省、自治区、直辖市县级以上党委和政府、省级工作部门对坚决拥护中国共产党的领导,模范遵守宪法法律,道德品质高尚,事迹突出,群众认可的个人和集体,可以给予表彰奖励。《评比达标表彰活动管理办法》规定,评比达标表彰工作实行中央和省(自治区、直辖市)两级审批制度。审批权限不得擅自下放或者变相下放。党中央、国务院负责审批中央和国家机关、人民团体、有关社团及其所属单位的评比达标表彰项目和各省(自治区、直辖市)的省级评比达标表彰项目。各省(自治区、直辖市)党委和政府负责审批本地区省级以下评比达标表彰项目。各地区各部门开展评比达标表彰活动,必须严格控制数量,不得要求下级单位配套开展。因此,对于在消耗臭氧层物质淘汰工作中做出突出成绩的单位和个人的奖励,应当严格按照上述规定申报审批。

第九条 任何单位和个人对违反本条例规定的行为,有权向生态环境主管部门或者其他有关部门举报。接到举报的部门应当及时调查处理,并为举报人保密;经调查情况属实的,对举报人给予奖励。

◆ **释义**

本条是关于举报的规定。

任何单位和个人可以通过举报渠道,向相关部门反映身边的问题,如违法生产、销售、使用消耗臭氧层物质等。这些举报信息为生态环境主管部门提供了宝贵的线索,使其能够迅速介入,调查处理违法行为。同时,举报能够增强公众的环保意识和参与度。通过参与举报,相关单位和个人不仅可以积极维护自身权益,还能加深对消耗臭氧层物质管理工作的了解和认识。这有助于激发公众的关注和热情,形成全社会共同参与臭氧层保护工作的良好氛围。通过充分发动群众依法有序参与,可以有效弥补生态环境执法监管的短板和盲区,切实解决人民群众身边突出的生态环境问题,构建生态环境保护社会共治大格局。

为构建政府为主导、企业为主体、社会组织和公众共同参与的生态环境保护社会共治大格局,生态环境部及相关地方细化了举报制度,推动其落地实施。例如,2020年4月,生态环境部办公厅发布《关于实施生态环境违法行为举报奖励制度的指导意见》,规定各地可结合本地实际和生态环境重点问题,明确规定实施奖励的环境违法行为类型,并根据所举报违法行为被发现的难易程度、违法行为对生态环境的危害程度、违法行为的社会影响范围等因素,设定不同档次的奖励标准。对通过举报避免重大生态环境违法行为发生、消除重大生态环境安全隐患,或协助查处重大生态环境违法犯罪案件等情形,可对举报人实施重奖。除物质奖励外,鼓励各地对举报人实施通报表扬、发放荣誉证书、授予荣誉称号等精神奖励。此外,对生态环境部门工作人员在举报受理和查处过程中推诿拖延、通风报信、玩忽职守、徇私舞弊,违规泄露举报人信息,以及违规透露线索给他人举报以获取奖励,挪用、侵吞举报奖励经费等违法违纪行为,依法追究责任。再如,2023年2月,北京市生态环境局发布《北京市生态环境局对举报生态环境违法行为实施奖励的有关规定》,明确举报人在举报时应明确提供生态环境违法行为的实施主体、具体时间、具体地点和违法事实,以及相关证据和线索。证据包括实地拍摄的照片或者录像等,线索包括描述违法排放污染物的种类、方式、违法行为持续时间等信息。同时,举报经查证属实的,可视情给予如下奖励:举报较大违法行为的,向举报人颁发奖状,并视情给予1000元以内奖励;举报严重违法行为的,向举报人颁发"北京市生态环境保护热心市民"证书,并视情给予1万元以内奖励;举报重大违法行为的,向举报人颁发"北京市生态环境保护热心市民"证书及奖杯,并视情给予5万元以内奖励。多人分别举报同一违法行为的,奖励最先举报人;联合举报的,举报人均可获得精神奖励,奖金平均分配;举报同一对象多项生态环境违法行为的,按照对应奖励标准最高的一项给予奖励。

如果举报人在举报过程中捏造、歪曲事实,应当承担相应法律责任,包括民事责任、行政责任和刑事责任,根据具体情况的不同而有所差异。一是民事责任。当不实举报侵犯了他人的名誉权、隐私权等权利时,举报人需要承担民事侵权责任。《中华人民共和国民法典》第995条规定,人格权受到侵害的,受害人有权依照本法和其他法律的规定请求行为人承担民事责任。具体责任形式包括消除影响、恢复名誉、赔礼道歉等。二是行政责任。当不实举报扰乱了正常的消耗臭氧层物质管理秩序时,举报人需要承担行政责任。根据《中华人民共和国治安管理处罚法》第 42 条规定，对于捏造事实诬告陷害他人，企图使他人受到刑事追究或者受到治安管理处罚等行为，处 5 日以下拘留或者 500 元以下罚款；情节较重的，处 5 日以上 10 日以下拘留，可以并处 500 元以下罚款。三是刑事责任。当不实举报构成犯罪时，举报人将承担刑事责任。根据《中华人民共和国刑法》第 243 条规定，捏造事实诬告陷害他人，意图使他人受刑事追究，情节严重的，处 3 年以下有期徒刑、拘役或者管制；造成严重后果的，处 3 年以上 10 年以下有期徒刑。

第二章　生产、销售和使用

第十条　消耗臭氧层物质的生产、使用单位，应当依照本条例的规定申请领取生产或者使用配额许可证。但是，使用单位有下列情形之一的，不需要申请领取使用配额许可证：

（一）维修单位为了维修制冷设备、制冷系统或者灭火系统使用消耗臭氧层物质的；

（二）实验室为了实验分析少量使用消耗臭氧层物质的；

（三）海关为了防止有害生物传入传出使用消耗臭氧层物质实施检疫的；

（四）国务院生态环境主管部门规定的不需要申请领取使用配额许可证的其他情形。

◆ 释义

本条是关于消耗臭氧层物质生产、使用配额许可证申请主体和不需要申请领取使用配额许可证情形的规定。

本条例第 2 条明确规定本条例所称消耗臭氧层物质，是指列入《中国受控消耗臭氧层物质清单》的化学品。第 7 条规定国家对消耗臭氧层物质的生产、使用、进出口实行总量控制和配额管理。2021 年 9 月 29 日，生态环境部、国家发展改革委、工业和信息化部共同修订发布《中国受控消耗臭氧层物质清单》（生态环境部、国家发展改革委、工业和信息化部公告 2021 年第 44 号），包含 9 大类 114 种受控物质。即生产和使用上述 114 种物质的单位，应当按照条例第 11 条、第 12 条等有关规定的要求，向生态环境部申请领取年度生产配额许可证或使用配额许可证。

但是，由于消耗臭氧层物质的使用涉及的领域、用途广泛，根据《议定书》要求和国内管理实际需求，部分情形不需要申请领取使用配额许可证，本条对此进行了明确：

一、维修单位为了维修制冷设备、制冷系统或者灭火系统使用消耗臭氧层物质的

消耗臭氧层物质被用作制冷设备、制冷系统的制冷剂或者灭火系统的灭火剂占所有受控用途的比例较高。这类制冷设备、制冷系统和灭火系统社会保有量巨大、分布广泛，从事设备维修的单位普遍规模较小、数量众多，且在维修过程中一次性充注使用作为制冷剂、灭火剂的消耗臭氧层物质数量较少。为降低企业经营和管理成本，在通过生产配额源头管控确保国家履约目标实现的前提下，规定维修单位为了维修制冷设备、制冷系统或者灭火系统使用消耗臭氧层物质时不需要申请领取使用配额许可证，但需要根据条例第17条的规定办理备案手续。

二、实验室为了实验分析少量使用消耗臭氧层物质的

部分消耗臭氧层物质会作为溶剂、稀释剂或者载体用于实验室的设备校准、化学反应、分析化验、监测检验、研究试验、教学实验等用途。鉴于这类用途使用消耗臭氧层物质数量极少，且在部分领域缺少可行的替代品，根据《议定书》有关规定，实验室为了实验分析少量使用消耗臭氧层物质可以被豁免，因此不需要申请使用配额许可证。

需要注意的是，随着替代品和替代技术的不断发展，部分消耗臭氧层物质已有可行的替代品，在特定的实验室分析用途中已被禁止使用。如根据2019年1月1日生效的《水质 石油类的测定 紫外分光光度法（试行）》（HJ 970—2018）和《水质 石油类和动植物油类的测定 红外分光光度法》（HJ 637—2018 代替 HJ 637—2012），我国已全面停止 CTC 用于水中油测定的实验室分析用途。

三、海关为了防止有害生物传入传出使用消耗臭氧层物质实施检疫的

为防止有害生物的入侵和传播，海关在货物进出口过程中需对进出口货物如原木、木质包装、热带水果等进行装运前检验检疫处理。消耗臭氧层物质甲基溴，在常温下蒸发成比空气重的气体，同时具有强大的扩散性和渗透性，能高效、广谱地杀灭各种有害生物，被作为熏蒸剂广泛用于检验检疫过程中。鉴于检疫处理的重要性和必要性，且目前尚未找到其他环保、安全、有效的替代品,《议定书》规定检疫与装运前使用甲基溴可以被豁免,因此不需要申请使用配额许可证。

四、国务院生态环境主管部门规定的不需要申请领取使用配额许可证的其他情形

除以上三种情况外,生态环境部可根据消耗臭氧层物质淘汰和替代过程中的实际情况和管理需求,在确保国家履约目标实现的前提下,规定不需要申请使用配额许可证的其他情形。但涉及的消耗臭氧层物质使用单位需要根据条例第 17 条的规定,按照生态环境部的规定办理备案手续。

例如,根据《关于加强含氢氯氟烃生产、销售和使用管理的通知》(环函〔2013〕179 号),HCFCs 受控用途年使用量在 100 吨以上的使用企业应申请领取使用配额许可证,受控用途年使用量在 100 吨以下,以及使用 HCFCs 作为原料用途的企业,应按照条例第 17 条规定办理备案手续。其中受控用途是指条例第 5 条规定的消耗臭氧层物质作为制冷剂、发泡剂、灭火剂、溶剂、清洗剂、加工助剂、杀虫剂、气雾剂、膨胀剂等用途。原料用途是指消耗臭氧层物质作为原料生产其他化学品的用途。

第十一条 消耗臭氧层物质的生产、使用单位除具备法律、行政法规规定的条件外,还应当具备下列条件:

(一)有合法生产或者使用相应消耗臭氧层物质的业绩;

(二)有生产或者使用相应消耗臭氧层物质的场所、设施、设备和专业技术人员;

(三)有经验收合格的环境保护设施;

(四)有健全完善的生产经营管理制度。

将消耗臭氧层物质用于本条例第六条规定的特殊用途的单位,不适用前款第(一)项的规定。

◆ **释义**

本条是关于消耗臭氧层物质生产、使用单位资质条件的规定。

具备我国相关法律、行政法规规定的条件,是对从事消耗臭氧层物质生产、使用单位的基本资质要求。此外，为加强消耗臭氧层物质管理，条例对消耗臭氧层物质的生产、使用单位特别提出四个方面的资质要求。

一、有合法生产或者使用相应消耗臭氧层物质的业绩

《议定书》明确要求各缔约方逐步削减淘汰各类消耗臭氧层物质受控用途的生产和使用。为履行《议定书》义务，国务院生态环境主管部门逐步建立了消耗臭氧层物质建设项目管理与总量控制配额许可管理双管齐下的管控体系，通过"严格控制增量、逐步淘汰存量"的管理思路逐步削减淘汰消耗臭氧层物质。条例第6条第1款规定国务院生态环境主管部门根据国家方案和消耗臭氧层物质淘汰进展情况，会同国务院有关部门确定并公布限制或者禁止新建、改建、扩建生产、使用消耗臭氧层物质建设项目的类别。例如，《关于生产和使用消耗臭氧层物质建设项目管理有关工作的通知》规定禁止新建、扩建生产和使用受控用途消耗臭氧层物质的建设项目等；《关于严格控制第一批氢氟碳化物化工生产建设项目的通知》规定自2022年1月1日起，各地不得新建、扩建5种受控用途HFCs化工生产设施（不含副产设施），环境影响报告书（表）已通过审批的除外等。《关于严格控制氢氟碳化物化工生产建设项目的通知》规定自2024年8月1日起，各地不得新建、扩建18种中的其他13种受控用途HFCs化工生产设施（不含副产设施），环境影响报告书（表）已通过审批的除外等。符合相关建设项目管理规定的消耗臭氧层物质生产和使用单位才有合法生产或者使用相应消耗臭氧层物质的业绩。

二、有生产或者使用相应消耗臭氧层物质的场所、设施、设备和专业技术人员

消耗臭氧层物质作为化学品，在生产和使用过程中，必然需要专门的设施、设备和相应的场所，这是从事消耗臭氧层物质生产、使用并保证企业稳定运营的基础。同时，消耗臭氧层物质的生产和使用专业性强，技术门槛较高，必须具备相应的技术条件，需要专业的技术人员。例如，消耗臭氧层物质生产所属的氟化工行业是一个技术密集型行业，需要具备关键生产技术，如分离技术、精馏技术以及与之相配套的自动控制技术、分析检验技术、环境处理与监测技术等，在安全生产、环保设备、生产工艺系统、过程控制体系等方面要求较高，专业技术人才是保证企业良好运转的

必备条件。

三、有经验收合格的环境保护设施

环境保护验收是生态环境保护工作中的一个重要环节，它关系到环境保护措施的落实和环境治理效果的评估。环境保护验收的意义在于保障环保设施的建设质量和运行效果，确保环境治理达到预期目标，防止环境污染和生态破坏，保障人民群众的健康和生态环境的可持续发展。因此所有建设项目均需要配套建设环境保护设施。编制环境影响报告书、环境影响报告表的建设项目竣工后，建设单位应当按照国务院生态环境主管部门规定的标准和程序，对配套建设的环境保护设施进行验收、编制验收报告。《建设项目环境保护管理条例》第19条规定，编制环境影响报告书、环境影响报告表的建设项目，其配套建设的环境保护设施经验收合格，方可投入生产或者使用；未经验收或者验收不合格的，不得投入生产或者使用。条例据此明确，消耗臭氧层的生产、使用单位需有经验收合格的环境保护设施方可从事消耗臭氧层物质生产经营活动。

四、有健全完善的生产经营管理制度

生产经营管理制度是企业在生产经营活动中所采取的管理模式和管理方法的具体化描述，约束和规范企业所有部门及成员的日常生产经营活动。消耗臭氧层物质生产、使用单位应当建立行政管理、生产管理、安全管理、财务管理、销售管理、库存管理等规章制度，并能按照条例第20条的规定，完整保存有关生产经营活动的原始资料，向国务院生态环境主管部门报送相关数据，同时接受各级生态环境主管部门或者其他有关部门的监督、检查和核查。

五、将消耗臭氧层物质用于条例第6条规定的特殊用途的单位，不适用前款第（一）项的规定

前款第（一）项规定是对消耗臭氧层物质受控用途生产和使用的相关管理要求。因特殊用途确需生产、使用禁止生产、使用的消耗臭氧层物质的，按照《议定书》有关规定，在国务院生态环境主管部门会同国务院有关部门批准后，可合法从事消耗臭氧层物质的生产经营活动，不受本条第1款第（一）项规定条件的限制。

第十二条　消耗臭氧层物质的生产、使用单位应当于每年 10 月 31 日前向国务院生态环境主管部门书面申请下一年度的生产配额或者使用配额，并提交其符合本条例第十一条规定条件的证明材料。

国务院生态环境主管部门根据国家消耗臭氧层物质的年度生产、使用配额总量和申请单位生产、使用相应消耗臭氧层物质的业绩情况，核定申请单位下一年度的生产配额或者使用配额，并于每年 12 月 20 日前完成审查，符合条件的，核发下一年度的生产或者使用配额许可证，予以公告，并抄送国务院有关部门和申请单位所在地省、自治区、直辖市人民政府生态环境主管部门；不符合条件的，书面通知申请单位并说明理由。

◆ 释义

本条是关于消耗臭氧层物质生产配额或者使用配额申请、审查程序和时限的规定。

符合条例第 3 条、第 10 条和第 11 条规定的消耗臭氧层物质的生产、使用单位，应当每年向生态环境部申请消耗臭氧层物质生产、使用配额。目前，生态环境部已建立并运行消耗臭氧层物质信息管理系统（http：//new-ods.ozone.org.cn），实现了消耗臭氧层物质年度生产、使用配额申请全流程网上办理。申请单位在生态环境部网站政务服务大厅（http：//zwfw.mee.gov.cn）或者消耗臭氧层物质信息管理系统完成企业账户注册后，可至消耗臭氧层物质生产、使用"配额审批—年度配额"界面填写年度生产、使用配额申请表，并按要求上传具体申请材料。申请单位可在系统随时查看已提交的配额申请审批进度，及时进行材料补正。已许可并公告的消耗臭氧层物质年度生产、使用配额核发信息，可在系统首页的信息公开页面进行查询，申请单位也可登录企业账户至生产、使用配额查询页面查看。

一、配额申请

消耗臭氧层物质的生产、使用单位应当于每年 10 月 31 日前在消耗臭氧层物质信息管理系统向生态环境部申请下一年度的生产配额或者使用配额，初次申请单位需提交的申请材料如下：

1. 消耗臭氧层物质年度生产、使用配额申请表，在消耗臭氧层物质信息管理系统下载填写；

2. 申请单位营业执照；

3. 申请单位生产、使用消耗臭氧层物质的场所、设施、设备和专业技术人员的情况说明；

4. 申请单位环境影响评价批复文件和环保竣工验收报告；

5. 申请单位消耗臭氧层物质相关生产、使用经营管理制度文件。

上述申请材料均要求加盖企业公章，其中第1项年度配额申请表需每年申请时提交，第2项至第5项材料仅初次申请时提交，之后在每年申请过程中仅需提交发生变更的材料。

二、配额核发

生态环境部对申请单位提交的消耗臭氧层物质年度生产、使用配额申请材料进行在线预审及受理。如提交的申请材料不齐全或者不符合法定形式的，将及时告知申请单位进行材料补正；如申请单位不符合申请对象资质要求的，将告知申请单位不予受理的原因。生态环境部根据《议定书》履约要求、国家方案以及生产、使用行业淘汰管理计划设定的年度履约控制目标，结合我国实施消耗臭氧层物质淘汰活动进展情况，确定国家消耗臭氧层物质下一年度的生产、使用配额总量。在已确定的总量范围内，根据国家层面消耗臭氧层物质本年度实际生产、使用情况及生产、使用配额执行情况，结合已通过受理的申请单位所提交的齐全且符合法定形式的申请材料中所提供的生产、使用消耗臭氧层物质单位的场所、设施、设备的基本情况，下一年度预计生产、使用数量及配额申请情况等，于每年12月20日前完成各申请单位下一年度生产、使用配额审查工作。审查结果在生态环境部网站进行5个工作日的公示。公示有异议的，生态环境部将对异议内容进行重点研究，如确有必要对相关事项进行重新审查的，则对有关申请事项重新组织审查。公示无异议的，生态环境部将作出配额核发许可决定，对符合条件的申请单位核发下一年度生产、使用配额许可。

年度消耗臭氧层物质生产、使用配额许可决定以生态环境部办公厅函形式印发，通过生态环境部网站公告和许可文件邮寄两种方式送达申请单位，并抄送国务院有关部门和申请单位所在地省、自治区、直辖市人民政府生态环境主管部门。相关部门可依照该通知开展年度相关监督检查。2024年1月，生态环境部印发《关于核发2024年度消耗臭氧层物质和氢氟碳化物生产、使用和进口配额的通知》，向内蒙古三爱富万豪氟化工有限公司等17家单位核发2024年度HCFCs生产配额和内用生产配额，向邯郸美的制冷设备有限公司等28家单位核发2024年度HCFCs使用配额，向利安隆博华（天津）医药化学有限公司等8家单位核发2024年度CTC使用配额，向沧州临港赫基化工有限公司等34家单位核发2024年度HFCs（不含三氟甲烷）生产配额和内用生产配额，向中化蓝天氟材料有限公司等8家单位核发2024年度三氟甲烷生产配额和内用生产配额。

第十三条 消耗臭氧层物质的生产或者使用配额许可证应当载明下列内容：

（一）生产或者使用单位的名称、地址、法定代表人或者负责人；

（二）准予生产或者使用的消耗臭氧层物质的品种、用途及其数量；

（三）有效期限；

（四）发证机关、发证日期和证书编号。

◆ **释义**

本条是关于消耗臭氧层物质的生产配额或者使用配额许可证载明主要内容的规定。

配额许可证是企业从事消耗臭氧层物质生产、使用经营活动的许可凭证。条例第15条和第16条规定，消耗臭氧层物质的生产、使用单位不得超出配额许可证规定的品种、用途、数量、期限等生产、销售、使用消耗臭氧层物质，禁止无配额许可证生产、使用消耗臭氧层物质，并在第30条、第31条和第32条规定了相应的处罚措施。

在此情况下，本条对配额许可证应载明内容作出了规定。一是明确生产或者使用单位的名称、地址、法定代表人或者负责人等基本信息。二是准予生产或者使用消耗臭氧层物质的品种、用途及其数量。消耗臭氧层物质品种是指《中国受控消耗臭氧层物质清单》（生态环境部、国家发展改革委、工业和信息化部公告2021年第44号）中9大类114种物质，如CTC、HCFC-22、1,1-二氯-1-氟乙烷（HCFC-141b）、1-氯-1,1-二氟乙烷（HCFC-142b）、二氟甲烷（HFC-32）、1,1,1,2-四氟乙烷（HFC-134a）、五氟乙烷（HFC-125）等。用途指条例第5条规定的制冷剂、发泡剂、灭火剂、溶剂、清洗剂、加工助剂、杀虫剂、气雾剂、膨胀剂等受控用途，或者原料用途、实验室分析用途、CTC的加工助剂用途、甲基溴的装运前检验检疫用途等。数量指通过生态环境部审查确定的消耗臭氧层物质合法生产量或者使用量，以实物吨或者二氧化碳当量为单位。三是有效期限。根据条例第12条规定，消耗臭氧层物质的生产、使用单位应每年申请下一年度的生产配额或者使用配额，即配额许可证有效期限为一个自然年度，即从每年的1月1日到12月31日。四是发证机关、发证日期和证书编号，以便发证机关、监督部门和申请单位备案和查询。

第十四条 消耗臭氧层物质的生产、使用单位需要调整其配额的，应当向国务院生态环境主管部门申请办理配额变更手续。

国务院生态环境主管部门应当依照本条例第十一条、第十二条规定的条件和依据进行审查，并在受理申请之日起20个工作日内完成审查，符合条件的，对申请单位的配额进行调整，并予以公告；不符合条件的，书面通知申请单位并说明理由。

◆ 释义

本条是关于消耗臭氧层物质生产、使用配额调整申请、审查程序和时限的规定。

按照条例第12条有关规定，获得年度消耗臭氧层物质生产、使用配额的单位，因生产经营及市场情况变化，需要调整其配额的，可向生态环境部申请办理配额变更手续。申请单位在生态环境部网站政务服务大厅（http://zwfw.mee.gov.cn）或者消耗臭氧层物质信息管理系统（http://new-ods.ozone.org.cn）"配额审批—配额调整"界面填写年度生产、使用配额调整申请表，并按要求上传具体申请材料。申请单位可在系统随时查看已提交的配额调整申请审批进度，及时进行材料补正。已审批通过的消耗臭氧层物质生产、使用配额调整情况，可在系统首页的信息公开页面进行查询，申请单位也可登录企业账户至生产、使用配额查询页面查看。

一、配额调整申请

消耗臭氧层物质生产、使用单位应按照规定和实际需求提交配额调整申请，具体材料如下：

1. 消耗臭氧层物质年度生产、使用配额调整申请表，在消耗臭氧层物质信息管理系统下载填写；

2. 两家调整申请单位所签署的消耗臭氧层物质生产、使用配额调整协议；

3. 调整后配额减少的申请单位所提供的消耗臭氧层物质生产、使用情况说明；

4. 调整后配额增加的申请单位所提供环境影响评价批复文件。

上述申请材料均要求加盖企业公章。

二、配额调整审批

生态环境部对申请单位提交的消耗臭氧层物质年度生产、使用配额调整申请材料在线预审及受理。如申请材料不齐全或者不符合法定形式，将及时告知申请单位进行材料补正；如申请单位不满足申请对象资质要求或者不符合配额调整原则，将告知申请单位不予受理的原因。

消耗臭氧层物质生产、使用配额调整需在满足《议定书》履约要求，符合国家方案，生产、使用行业淘汰管理计划设定的年度履约控制目标及消耗臭氧层物质当年度生产、使用配额核发量的情况下进行。生产、使用配额调整双方均应符合条例第11条、第12条有关规定。同一品种消耗臭氧层物质的生产、使用配额可在消耗臭氧层物质单位间进行等量调整（即增量与减量一致）；不同品种消耗臭氧层物质的生产、使用配额调整需遵循消耗臭氧潜能值（ODP值）或者二氧化碳当量总量不增加的原则。此外，调整后配额减少的申请单位所用于调整的配额须为当年未生产、使用的配额，调整后配额增加的申请单位在配额调整后应符合其消耗臭氧层物质设施环评管理要求，利用使用行业淘汰管理计划资金完成生产线替代改造项目的企业不得通过配额调整增加年度使用配额。

生态环境部根据上述原则在申请受理之日起20个工作日内完成配额调整申请审查工作，并在"中国保护臭氧层行动"网站进行5个工作日的公示。公示有异议的，生态环境部将对异议内容进行重点研究，如确有必要对相关事项进行重新审查的，则对有关申请事项重新组织审查。公示无异议的，生态环境部将作出批准配额调整申请的决定，印发配额调整通知，通过生态环境部网站公告和许可文件邮寄两种方式送达申请单位，并抄送申请单位所在地省、自治区、直辖市人民政府生态环境主管部门。相关部门可依照该通知开展年度相关监督检查。例如，2023年5月15日，生态环境部大气环境司印发《关于同意阿科玛（常熟）氟化工有限公司等5家企业调整2023年度含氢氯氟烃生产配额的复函》（大气函〔2023〕14号），批准了阿科玛（常熟）氟化工有限公司等5家企业的HCFCs生产配额调整申请。

第十五条 消耗臭氧层物质的生产单位不得超出生产配额许可证规定的品种、数量、期限生产消耗臭氧层物质，不得超出生产配额许可证规定的用途生产、销售消耗臭氧层物质。

禁止无生产配额许可证生产消耗臭氧层物质。

◆ **释义**

本条是关于消耗臭氧层物质生产单位根据生产配额许可证规定的品种、数量、期限生产消耗臭氧层物质，并根据生产配额许可证规定的用途生产、销售消耗臭氧层物质的规定。

消耗臭氧层物质的生产是《议定书》和条例管理的重点环节，对生产单位实行配额许可，是我国加强消耗臭氧层物质源头管控，实现国家生产总量控制目标的重要手段。条例第13条明确规定生产配额许可证内容应包括消耗臭氧层物质的品种、数量、有效期限及用途，并据此规范消耗臭氧层物质生产经营活动，实现国家履约目标。

一、品种、数量、期限

根据《中国受控消耗臭氧层物质清单》（生态环境部、国家发展改革委、工业和信息化部公告2021年第44号），消耗臭氧层物质按品种分为9大类114种物质。我国作为消耗臭氧层物质生产大国，生产品种丰富，数量充足，各类消耗臭氧层物质产品基本能够满足下游使用行业需求。考虑到部分消耗臭氧层物质生产装置和生产工艺相近，为避免因生产单位调整品种导致各品种消耗臭氧层物质生产量变动，稳定市场预期，我国按品种对消耗臭氧层物质实行生产配额管理，对国家履约和稳定市场起到了关键作用，被国际社会和相关行业企业广泛认可。

为控制国家消耗臭氧层物质总量，实现履约目标，配额许可证除载明消耗臭氧层物质品种外，还明确了配额数量和期限，即对生产单位在年度期限范围内允许生产的消耗臭氧层物质的数量作出了具体规定。例如，《关于核发2024年度消耗臭氧层物质和氢氟碳化物生产、使用和进口配额的通知》（环办大气〔2024〕3号）明确，向内蒙古三爱富万豪氟化工有限公司核发2024年度1-氯-1,1-二氟乙烷（HCFC-142b）生产配额134吨，即在2024年度内，内蒙古三爱富万豪氟化工有限公司生产的受控用途消耗臭氧层物质只能为HCFC-142b，且数量不超过134吨。

二、用途

《议定书》明确了各缔约方受控用途消耗臭氧层物质生产总量控制目标。因此，作为非受控用途生产的消耗臭氧层物质，不得作为受控用途销售或者使用，并需遵守生态环境部和国务院有关部门制定的相关规定。例如，《关于生产和使用消耗臭氧层物质建设项目管理有关工作的通知》规定，新建、改建、扩建生产化工原料用途的消耗臭氧层物质的建设项目，生产的消耗臭氧层物质仅用于企业自身下游化工产品的专用原料用途，不得对外销售。在日常生产经营活动中，生产单位应按照要求，建立严格的内部生产和销售管理制度以及数据报告制度，并配合接受有关部门监督检查。

无生产配额许可证生产消耗臭氧层物质的行为，不仅严重扰乱市场公平，侵犯合法企业利益，还可能对国家履约造成严重影响，条例禁止无生产配额许可证生产消耗臭氧层物质，并对违法行为进行严格处罚。

第十六条 依照本条例规定领取使用配额许可证的单位，不得超出使用配额许可证规定的品种、用途、数量、期限使用消耗臭氧层物质。

除本条例第十条规定的不需要申请领取使用配额许可证的情形外，禁止无使用配额许可证使用消耗臭氧层物质。

◆ 释义

本条是关于消耗臭氧层物质使用单位根据使用配额许可证规定的品种、用途、数量、期限使用消耗臭氧层物质的规定。

消耗臭氧层物质在生产、生活中应用广泛，对使用单位实行配额许可，对我国推动消耗臭氧层物质替代、实现国内使用总量控制目标具有重要意义。条例第13条明确规定使用配额许可证内容应包括消耗臭氧层物质的品种、用途、数量、期限，并要求使用单位在此范围内使用消耗臭氧层物质，以加强消耗臭氧层物质使用管理。

目前，我国对HCFCs受控用途年使用量在100吨以上的使用单位和CTC特殊用途使用单位实行配额管理。根据《关于核发2024年度消耗臭氧层物质和氢氟碳化物生产、使用和进口配额的通知》（环办大气〔2024〕3号），向中国石油天然气股份有限公司吉林石化分公司核发2024年度CTC助剂用途使用配额180吨，即在2024年度内，中国石油天然气股份有限公司吉林石化分公司使用的助剂用途消耗臭氧层物质只能为CTC，且数量不超过180吨，不得将CTC用于受控用途。

需注意的是，条例第5条规定禁止将国家已经淘汰的消耗臭氧层物质用于受控用途。此外，根据相关使用行业淘汰管理计划，生态环境部陆续发布了消耗臭氧层物质在部分子行业的使用禁令，即禁止在这些子行业使用消耗臭氧层物质。包括《关于禁止生产以一氟二氯乙烷（HCFC-141b)为发泡剂的冰箱冷柜产品、冷藏集装箱产品、电热水器产品的公告》（生态环境部公告 2018 年第 49 号)、《关于禁止生产以 1,1-二氯-1-氟乙烷（HCFC-141b）为发泡剂的保温管产品、太阳能热水器产品的公告》（生态环境部公告 2023 年第 28 号）和《关于禁止生产以含氢氯氟烃（HCFCs）为硅油稀释剂或清洗剂的一次性医疗器械产品的公告》（生态环境部公告 2023 年第 29 号）等，公告禁止在相关子行业中继续使用部分品种的消耗臭氧层物质。

条例第 10 条规定了部分不需要申请领取使用配额许可证的情形，包括维修用途、实验室分析用途、海关检疫用途以及生态环境部规定的不需要申请领取使用配额许可证的其他情形。除此之外，禁止无使用配额许可证使用消耗臭氧层物质。

第十七条 下列单位应当按照国务院生态环境主管部门的规定办理备案手续：

（一）消耗臭氧层物质的销售单位；

（二）从事含消耗臭氧层物质的制冷设备、制冷系统或者灭火系统的维修、报废处理等经营活动的单位；

（三）从事消耗臭氧层物质回收、再生利用或者销毁等经营活动的单位；

（四）国务院生态环境主管部门规定的不需要申请领取使用配额许可证的消耗臭氧层物质的使用单位。

前款第（一）项、第（二）项、第（四）项规定的单位向所在地设区的市级人民政府生态环境主管部门备案，第（三）项规定的单位向所在地省、自治区、直辖市人民政府生态环境主管部门备案。

◆ **释义**

本条是关于消耗臭氧层物质备案管理范围、层级的规定。

条例建立了消耗臭氧层物质全生命周期管理体系，除对生产和部分使用单位实行配额许可管理外，对销售、维修、回收、再生利用、销毁和生态环境部规定的不需要申请领取使用配额许可证的使用单位实行备案管理，具体备案管理办法根据生态环境部相关规定执行。目前，生态环境部已建立并运行消耗臭氧层物质信息管理系统，实现了消耗臭氧层物质备案申请全流程网上办理。申请单位在消耗臭氧层物质信息管理系统完成企业账户注册后，可至"备案管理"界面提交备案申请。备案成功后，相关信息在网站首页可公开查询。

一、消耗臭氧层物质的销售单位

本条第1款第（一）项所称销售是指销售单独存在的或者存在于混合物之内的消耗臭氧层物质的行为，包括销售通过管道、槽罐车等运输的消耗臭氧层物质及其混合物，罐装的消耗臭氧层物质及其混合物等。不包括销售含消耗臭氧层物质的产品的行为，如销售含有消耗臭氧层物质及其混合物的制冷空调、热泵热水器、泡沫保温材料产品等。

消耗臭氧层物质销售单位应当办理备案手续，并根据条例要求做好销售记录、资料保存和数据报送相关工作，特别要明确记录消耗臭氧层物质的用途、数量、来源和去向，不得将非受控用途的消耗臭氧层物质按受控用途进行销售。

此外，持有消耗臭氧层物质生产配额许可证的生产单位可以销售消耗臭氧层物质，无需办理备案手续；仅向国外出口销售消耗臭氧层物质的单位，无需办理备案手续，将依据条例第21条纳入进出口单位管理。

二、从事含消耗臭氧层物质的制冷设备、制冷系统或者灭火系统的维修、报废处理等经营活动的单位

消耗臭氧层物质作为制冷剂和灭火剂广泛应用于制冷设备、制冷系统或者灭火系统中，例如，家用空调常用制冷剂一氯二氟甲烷（HCFC-22）、二氟甲烷（HFC-32）和R410A制冷剂［HFC-32和五氟乙烷（HFC-125）混合物］，汽车空调常用制冷剂1,1,1,2-四氟乙烷（HFC-134a），工商制冷空调常用制冷剂1,1,1-三氟乙烷（HFC-143a）、R404A制冷剂（HFC-125、HFC-134a和HFC-143a混合物）、R407C制冷剂（HFC-32、HFC-125和HFC-134a混合物）、R507A制冷剂（HFC-125和HFC-143a混合物）、灭火设备常用灭火剂一溴三氟甲烷（哈龙-1301）、1,1,1,2,3,3,3-七氟丙烷（HFC-227ea）、1,1,1,3,3,3-六氟丙烷（HFC-236fa）等。这些设备和系统在长期存储、使用过程中，由于设备老化、损坏等需要进行维修或者报废处理，会出现制冷剂、灭火剂泄漏、排放、充注、回收等情况，涉及购买和使用消耗臭氧层物质及其混合物。

从事含消耗臭氧层物质的制冷设备、制冷系统或者灭火系统的维修、报废处理等经营活动的单位，应当依法办理备案手续，做好使用台账记录，加强维修和报废环节消耗臭氧层物质泄漏排放控制。

三、从事消耗臭氧层物质回收、再生利用或者销毁等经营活动的单位

作为受控用途使用的消耗臭氧层物质，部分会直接排放或者随着时间推移逐步逸散排放至大气环境中，部分可能一直残留在产品中，如制冷设备、制冷系统和灭火系统等在损坏报废后可能仍残留部分消耗臭氧层物质。《议定书》鼓励各缔约方开展受控用途消耗臭氧层物质的回收、再生利用和销毁工作。

消耗臭氧层物质回收单位，指从事含消耗臭氧层物质及其混合物回收的单位，如废弃电器电子产品拆解处理企业、报废机动车拆解处理企业、工业和商业制冷设备拆解处理企业、消防设备回收企业等。再生利用单位，指对回收后的消耗臭氧层物质进行分离、纯化、再生，以达到再次利用或者循环利用目的的单位。销毁单位，是指通过特定技术手段，使消耗臭氧层物质全部或绝大部分永久性地转化或者分解，且转化或者分解产物对臭氧层没有破坏作用的单位。《议定书》缔约方大会批准了表1所列水泥窑、气体或者烟气氧化、反应炉裂解等17种销毁技术。

表1　销毁技术

技术	适用性										
	浓缩来源									稀释来源	
	第1类	第2类	第1类	第2类	第3类	第1类	第1类	第1类	第2类	第1类	第1类
	初级氯氟碳化物	哈龙	其他氯氟碳化物	全氯甲烷	甲基氯仿	氢氯氟碳化物	甲基溴	氢氟碳化物	三氟甲烷	消耗臭氧层物质	氢氟碳化物
销毁去除率	99.99%	99.99%	99.99%	99.99%	99.99%	99.99%	99.99%	99.99%	99.99%	95%	95%
水泥窑	核准	未核准	核准	核准	核准	核准	待定	核准	待定		
气体或烟气氧化	核准	待定	核准	核准	核准	核准	待定	核准	核准		
液体喷射式焚化	核准	核准	核准	核准	核准	核准	待定	核准	核准		
城市固体废物焚化										核准	核准

续表

技术	适用性										
	浓缩来源										稀释来源	
	第1类	第2类	第1类	第2类	第3类	第1类		第1类	第2类		第1类
	初级氯氟碳化物	哈龙	其他氯氟碳化物	全氯甲烷	甲基氯仿	氢氯氟碳化物	甲基溴	氢氟碳化物	三氟甲烷	消耗臭氧层物质	氢氟碳化物
多孔热反应堆	核准	待定	核准	核准	核准	核准	待定	核准	待定		
反应炉裂解	核准	未核准	核准	核准	核准	核准	待定	核准	核准		
回转窑焚烧炉	核准	核准	核准	核准	核准	核准	待定	核准	核准	核准	核准
氩气等离子弧	核准	核准	核准	核准	核准	核准	待定	核准	核准		
电感耦合射频等离子体	核准	核准	核准	核准	核准	核准	待定	待定	待定		
微波等离子体	核准	待定	核准	核准	核准	核准	待定	核准	待定		
氮气等离子弧	核准	待定	核准	核准	核准	核准	待定	核准	核准		
便携等离子弧	核准	待定	核准	核准	核准	核准	待定	核准	核准		
与氢气和二氧化碳产生化学反应	核准	核准	核准	核准	核准	核准	待定	核准	核准		
气相催化脱卤	核准	待定	核准	核准	核准	核准	待定	核准	待定		
过热蒸汽反应堆	核准	待定	核准	核准	核准	核准	待定	核准	待定		
与甲烷热反应	核准	待定	核准	核准	核准	核准	待定	核准	待定		
甲基溴热衰减	待定	待定	待定	待定	待定	待定	核准	待定	待定		

为加强消耗臭氧层物质回收、再生利用和销毁工作，减少排放，保护生态环境，促进资源循环利用，对相关单位实施备案管理。

四、国务院生态环境主管部门规定的不需要申请领取使用配额许可证的消耗臭氧层物质的使用单位

本条第1款第（四）项与条例第10条第（四）项进行了衔接，明确规定国务院生态环境主管部门规定的不需要申请领取使用配额许可证的消耗臭氧层物质的使用单位应当进行备案。

部分消耗臭氧层物质使用企业规模小、数量多、分布广泛且消耗臭氧层物质使用量较少，为减少企业管理成本和负担，生态环境部规定了部分不需要申请领取使用配额许可证的情形。例如，根据《关于加强含氢氯氟烃生产、销售和使用管理的通知》（环函〔2013〕179号）明确，HCFCs受控用途年使用量在100吨以下，以及使用HCFCs作为原料用途的企业，不需要申请领取使用配额许可证，应办理备案手续。后续，生态环境部将修订出台相关配套政策文件，进一步明确不需要领取使用配额许可证的单位范围，细化备案管理要求。

五、备案管理层级

本条第1款第（一）项、第（二）项、第（四）项规定的消耗臭氧层物质的销售、维修单位和生态环境部规定的不需要申请领取使用配额许可证的使用单位数量较多，分布广泛，日常经营业务主要在市内开展，规定向所在地设区的市级人民政府生态环境主管部门备案。第（三）项规定的消耗臭氧层物质回收、再生利用、销毁单位，数量较少，具有一定的技术门槛，应当向所在地省、自治区、直辖市人民政府生态环境主管部门备案。

企业备案信息主要包括企业名称、经营范围、法人代表、地址、联系人及联系信息、经营活动中所涉及的消耗臭氧层物质的种类、相关资质、技术工人的数量及技术水平、涉消耗臭氧层物质装置信息等。

第十八条 除依照本条例规定进出口外，消耗臭氧层物质的购买和销售行为只能在符合本条例规定的消耗臭氧层物质的生产、销售和使用单位之间进行。

◆ **释义**

本条是关于消耗臭氧层物质的购买和销售行为的规定。

消耗臭氧层物质作为化学品，在生产、销售、使用等环节流通过程中涉及购买与销售行为。除进出口贸易应按照条例第3章有关规定管理外，本条规定消耗臭氧层物质的购买和销售行为只能在符合条例规定的消耗臭氧层物质的生产、销售和使用单位之间进行。

一、符合条例规定的生产单位

符合条例规定的消耗臭氧层物质的生产单位是指按照本条例第10条、第11条、第12条有关规定领取当年度相应品种消耗臭氧层物质生产配额许可证，并符合第15条有关规定的消耗臭氧层物质生产企业，以及根据条例第6条，经批准的特殊用途的消耗臭氧层物质的生产企业。

不得向违反上述规定的消耗臭氧层物质生产单位购买消耗臭氧层物质。符合规定的生产单位不得向不符合规定的使用单位和销售单位销售消耗臭氧层物质。此外,《关于生产和使用消耗臭氧层物质建设项目管理有关工作的通知》(环大气〔2018〕5号)规定新建、改建、扩建生产化工原料用途的消耗臭氧层物质的建设项目,生产的消耗臭氧层物质仅用于企业自身下游化工产品的专用原料用途,不得对外销售。

二、符合条例规定的使用单位

符合条例规定的消耗臭氧层物质的使用单位是指按照条例第10条、第11条、第12条有关规定领取当年度相应品种消耗臭氧层物质使用配额许可证,并符合第16条有关规定的使用企业,或按照条例第10条、第17条有关规定办理相应品种消耗臭氧层物质备案手续的使用单位,包括从事含消耗臭氧层物质的制冷设备、制冷系统或者灭火系统的维修、报废处理等经营活动的单位,从事消耗臭氧层物质回收、再生利用或者销毁等经营活动的单位,生态环境部规定的不需要申请领取使用配额许可证的消耗臭氧层物质的使用单位,以及根据条例第6条,经批准的特殊用途的消耗臭氧层物质的使用单位。需注意的是,实验室为了实验分析少量使用消耗臭氧层物质的,根据条例有关规定,不需要申请领取使用配额许可证,也不需要办理备案手续。

不得向违反上述规定的消耗臭氧层物质使用单位销售消耗臭氧层物质。符合规定的使用单位不得向不符合规定的生产单位和销售单位购买消耗臭氧层物质。

三、符合条例规定的销售单位

符合条例规定的消耗臭氧层物质的销售单位是指按照条例第17条有关规定,办理相应品种消耗臭氧层物质备案手续的销售企业。不得向违反上述规定的消耗臭氧层物质销售单位购买和销售消耗臭氧层物质。符合规定的销售单位不得向不符合条例规定的生产、使用单位购买、销售消耗臭氧层物质。

第十九条 消耗臭氧层物质的生产、使用单位，应当按照国务院生态环境主管部门的规定采取必要的措施，防止或者减少消耗臭氧层物质的泄漏和排放。

从事含消耗臭氧层物质的制冷设备、制冷系统或者灭火系统的维修、报废处理等经营活动的单位，应当按照国务院生态环境主管部门的规定对消耗臭氧层物质进行回收、循环利用或者交由从事消耗臭氧层物质回收、再生利用、销毁等经营活动的单位进行无害化处置。

从事消耗臭氧层物质回收、再生利用、销毁等经营活动的单位，以及生产过程中附带产生消耗臭氧层物质的单位，应当按照国务院生态环境主管部门的规定对消耗臭氧层物质进行无害化处置，不得直接排放。

◆ **释义**

本条是关于防止或者减少消耗臭氧层物质泄漏和排放以及无害化处置的规定。

一、防止或者减少消耗臭氧层物质的泄漏和排放

消耗臭氧层物质大多具有较强的挥发性，在生产和使用的过程中会从相关的装置和设备中泄漏而排放到大气中。消耗臭氧层物质生产单位属于化工企业，设备类型多样，管道纵横交错，若设备老化、年久失修，极易发生消耗臭氧层物质的泄漏和排放。消耗臭氧层物质在使用过程中也可能存在泄漏和排放。为防止和减少泄漏及排放，消耗臭氧层物质生产和使用单位需采取措施对管道、设备等进行日常维护、维修，减少物料泄漏，对泄漏的物料应当及时收集以减少排放。具体可以参照《挥发性有机物无组织排放控制标准》（GB 37822—2019）等，加强对消耗臭氧层物质的泄漏和排放管理。

二、消耗臭氧层物质回收、循环利用

消耗臭氧层物质可以用于制冷剂、发泡剂、灭火剂、溶剂、清洗剂、加工助剂、气雾剂等用途，具有回收、循环利用价值的主要是制冷剂和灭火剂。《议定书》从全生命周期管理的角度鼓励各缔约方要加强作为制冷剂、灭火剂用途的消耗臭氧层物质的回收、循环利用或者再生利用，以减少新生产消耗臭氧层物质的使用。

在制冷剂方面，《废弃电器电子产品处理污染控制技术规范》（HJ 527—2010）等技术规范要求，电器电子废物拆解前应回收制冷剂，并进行分类贮存、利用、处置。《废弃电器电子产品拆解处理情况审核工作指南（2019年版）》明确规定，拆解冰箱、空调压缩机前未回收或未有效收集属于消耗臭氧层物质的制冷剂属于不规范行为，相应拆解数量不予补贴；收集的制冷剂未交由相应资质单位处理的，该季度所有涉及空调、冰箱拆解数量不予补贴。《报废机动车回收拆解企业技术规范》（GB 22128—2019）也明确报废机动车拆解企业应使用专用容器回收制冷剂。2019年6月，国家发展改革委会同生态环境部及工业和信息化部、财政部等联合印发了《绿色高效制冷行动方案》，积极推动制冷剂再生利用和无害化处理，并严格控制制冷剂的泄漏和排放。

在灭火剂方面，2002年我国就开始启动实施灭火剂哈龙1211的回收示范项目，探索由企业进行哈龙1211灭火器回收、灭火剂再生利用的经济技术可行性。2018年，建成国家哈龙灭火剂回收信息管理系统，该系统可实现在用哈龙消防设备相关信息（包括位置、数量、属性等）的收录、统计汇总和查询，具备远程监控模式可动态跟踪监督系统内哈龙的使用、回收、储存、处置等功能。同年，我国还建成了哈龙1301灭火剂回收再生利用中心，建成有50吨/年哈龙回收药剂精馏装置，具备哈龙1301和哈龙1211回收的提纯精制能力。目前正在研究制定《哈龙灭火剂回收再生利用要求》标准，进一步规范哈龙灭火剂回收再生利用体系。

三、消耗臭氧层物质无害化处置

对消耗臭氧层物质的无害化处置可分为转化处置和销毁处置。其中，转化处置是指按照《议定书》认可的原料用途方式，交由备案的氟化工、氯化工单位进行转化处置。销毁处置是指采用销毁技术使消耗臭氧层物质全部或者大部分发生永久转变或分解。无害化处置是消耗臭氧层物质全生命周期管理的最后一环，开展无害化处置工作，有利于健全消耗臭氧层物质持续监管，直接避免或者减少消耗臭氧层物质向大气中排放。根据《议定书》有关内容，缔约方应尽可能采取措施减少消耗臭氧层物质排放，包括在经济上可行、有利环境的情况下销毁无用消耗臭氧层物质，并推荐了包括回转窑在内的多种消耗臭氧层物质处置技术。生态环境部印发了《回转窑无害化处置消耗臭氧层物质技术规范》（HJ 1382—2024），规定了回转窑焚烧处置消耗臭氧层物质过程中涉及的接收、贮存、处置等环节的污染控制技术要求以及环境监测和环境管理要求。

对于生产过程中附带产生（即副产）消耗臭氧层物质和HFCs的单位所排放的受控物质，如CTC、三氟甲烷（HFC-23）、一氟甲烷（HFC-41）等，应对其进行无害化处置，不得直接排放。以HFC-23为例，其具有高全球升温潜能值（GWP），属于强温室气体。生态环境部印发的《关于控制副产三氟甲烷排放的通知》（环办大气函〔2021〕432号），明确了副产HFC-23应采用销毁技术尽可能销毁处置的履约要求和相关数据报送要求，强调企业应建立HFC-23副产设施及销毁处置设施运行台账，对HFC-23产生量、销毁量、储存量、使用量、销售量等进行监测和计量。针对HFC-23销毁设施停车以及回收、存储、销毁设施不正常运行等情况，提出防止HFC-23直接排放的管控措施。

第二十条 从事消耗臭氧层物质的生产、销售、使用、回收、再生利用、销毁等经营活动的单位，以及从事含消耗臭氧层物质的制冷设备、制冷系统或者灭火系统的维修、报废处理等经营活动的单位，应当完整保存有关生产经营活动的原始资料至少3年，并按照国务院生态环境主管部门的规定报送相关数据。

生产、使用消耗臭氧层物质数量较大，以及生产过程中附带产生消耗臭氧层物质数量较大的单位，应当安装自动监测设备，与生态环境主管部门的监控设备联网，并保证监测设备正常运行，确保监测数据的真实性和准确性。具体办法由国务院生态环境主管部门规定。

◆ **释义**

本条是对从事消耗臭氧层物质相关经营活动单位的原始资料保存和相

关数据报送，消耗臭氧层物质生产、使用单位安装和使用自动监测设备的规定。

一、消耗臭氧层物质相关经营单位应当按要求保存原始资料、报送数据

从事消耗臭氧层物质相关生产经营活动单位的有关生产经营活动原始资料是统计国家消耗臭氧层物质相关数据的重要基础，直接关系国家履约。根据《议定书》第 7 条规定和缔约方大会有关决定要求，我国应每年向联合国环境署臭氧秘书处报送上一年度的履约年度数据。国家数据报送的内容主要包括消耗臭氧层物质生产量、使用量、进口量、出口量、销毁量等，其中生产量、使用量、进出口量的报告中还需要包含原料用途、必要用途、关键用途、检疫和装运前用途等特殊用途的相关数据。这些数据从从事消耗臭氧层物质的生产、销售、使用、回收、再生利用、销毁等经营活动的单位，以及从事含消耗臭氧层物质的制冷设备、制冷系统或者灭火系统的维修、报废处理等经营活动的单位获取。

（一）保存的对象是原始资料

原始资料是生态环境主管部门了解企业生产经营活动历史情况的一手资料，可以在一定程度上还原企业在某段时间内的经营状况、消耗臭氧层物质生产和使用情况，也是生态环境主管部门核实企业报送数据完整性、准确性的基础。原始资料包括消耗臭氧层物质生产量、自用量、内销量、出口量、年初库存、年末库存、生产消耗臭氧层物质主要原材料耗用情况、生产消耗臭氧层物质过程中副产物及废物的产生、储存和处置情况等的原始记录和销售发票等。

企业相关生产经营资料有很多种形式，有纸质的资料，也有电子资料。随着技术的发展以及分布式控制系统（DCS）的普遍应用，部分企业可能不再保存纸质资料，完全以电子资料形式保存在电脑中。需要说明的是，纸质资料对于监督执法的作用不可替代：一是纸张在日常使用、留存过程中会有一定的痕迹；二是对纸张记录数据的修改会留下痕迹；三是除特殊情况外，纸张记录的资料一般会保存较长时间。

（二）完整保存期限至少 3 年

生产经营活动资料的保存，应当确保是完整的保存，能够如实地反映企业涉消耗臭氧层物质生产经营活动的全貌，不应只保存一个环节，或者漏掉某些环节，造成数据资料的不完整，也不应有虚假编造的数据，导致数据无法真实反映企业的生产经营情况。现场监督检查时，一般需对企业的历史生产经营情况进行核查，同时，考虑到企业的资料保存能力，本条规定原始资料至少保存 3 年。

（三）数据报送方式由国务院生态环境主管部门规定

主动报送包括消耗臭氧层物质生产量、使用量等年度数据是国家履约的义务，也是国家履约的底线。为落实国家履约要求，国务院生态环境主管部门会制定报送相关数据的规定。目前，企业报送数据主要按照《关于加强含氢氯氟烃生产、销售和使用管理的通知》（环函〔2013〕179 号）、《消耗臭氧层物质与含氟气体生产、使用及进出口统计调查制度》（国统制〔2024〕171 号）等规定进行。后续，国务院生态环境主管部门会根据工作需要和管理要求及时修订和调整相关数据报送规定和统计调查制度。

二、对消耗臭氧层物质生产、使用单位实施自动监测的管理要求

科学准确的消耗臭氧层物质生产量、使用量等数据是判断一个国家是否履约的核心。使用自动监测手段是当前生态环境保护监管工作中的重要手段。使用常规现场检查已无法完全适应履约监管工作的需求，比如，部分生产单位可能将消耗臭氧层物质超配额售往不符合规定的单位，但生态环境主管部门一般无法从企业的数据报送中发现此类问题。要解决这个问题，必须创新监管方式方法。按照科学治污、精准治污和依法治污的要求，综合考虑我国的履约实际和能力，提出对生产、使用消耗臭氧层物质数量较大，以及生产过程中附带产生消耗臭氧层物质数量较大的单位安装自动监测设备，并与生态环境主管部门的监控设备联网，以便生态环境主管部门掌握其消耗臭氧层物质生产、使用等整个过程，防止非法排放或者流出，维护国家履约底线。

安装自动监测设备是为了降低消耗臭氧层物质非法排放或者流出的风险，主要是针对生产、使用消耗臭氧层物质数量较大，以及生产过程中附带产生（即副产）消耗臭氧层物质数量较大的单位。从实践来看，上述单位的消耗臭氧层物质非法排放或者流出的风险较大。自动监测设备，是指在相关单位现场安装用于监控、监测消耗臭氧层物质流向的质量流量计、远传液位计，以及监测相关工况的远传温度计、压力计等工况监测仪器仪表，也包括数据采集传输仪器、仪表、传感器等设备，特殊情况下还包括对处置消耗臭氧层物质设施设备的自动监测。一般情况下，相关单位在生产现场都会安装质量流量计、远传液位计等自动监测设备，以便掌握企业生产情况。为满足本条款规定的自动监测设备安装与联网要求，企业可在现有自动监测设备基础上，按照要求进行必要的改造，无需重新安装全套自动监测设备。

为了加强对相关单位的自动在线监控，有必要要求自动监测设备与生态环境主管部门的监控设备联网。生态环境主管部门会设置监控中心对纳入安装自动监测设备的相关单位进行实时在线监控，监控中心要通过通信传输线路与相关单位的自动监测设备连接，才能对相关单位的消耗臭氧层物质流向实时在线监控。

纳入安装自动监测设备的单位必须保证自动监测设备正常运行，确保监测数据的真实性和准确性。为达到以上要求，自动监测设备的安装和运行要做到以下3个方面：一是考虑到企业的复杂性，企业要制定自动监测方案，并按照方案安装自动监测设备、对生产经营现场进行必要的改动，确保生产经营现场与自动监测方案一致，且自动监测数据能够上传到生态环境主管部门。二是要保证监测设备正常运行。企业需要确保所有的自动监测设备都能按照相关法律法规以及标准规范的要求安装、使用和维护，且各自动监测设备需要满足一定的在线率。三是确保监测数据的真实性和准确性。企业需要确保上传到生态环境主管部门的数据能够如实地反映其生产经营情况。真实，就是要求企业不能修改监测数据，监测数据必须如实上传；准确，就是要求企业选择符合要求的自动监测设备，在企业正常生产经营时，各自动监测设备处于最佳工作状态，数据误差较小，各自动监测设备采集的数据能准确地反映企业的实际生产经营情况。

需要安装自动监测设备相关单位的条件，以及自动监测设备安装的技术规范、监督执法规范等，国务院生态环境主管部门将另行制定。

第三章 进 出 口

第二十一条 国家对进出口消耗臭氧层物质予以控制，并实行名录管理。国务院生态环境主管部门会同国务院商务主管部门、海关总署制定、调整和公布《中国进出口受控消耗臭氧层物质名录》。

进出口列入《中国进出口受控消耗臭氧层物质名录》的消耗臭氧层物质的单位，应当依照本条例的规定向国家消耗臭氧层物质进出口管理机构申请进出口配额，领取进出口审批单，并提交拟进出口的消耗臭氧层物质的品种、数量、来源、用途等情况的材料。

◆ 释义

本条是关于国家对进出口消耗臭氧层物质实行名录管理和实施配额许可及进出口审批的规定。

一、国家对进出口消耗臭氧层物质实行名录管理

1997年，《议定书》缔约方第九次会议通过了《蒙特利尔修正案》，规定缔约方要建立进出口许可证制度，以实现全球和各缔约方消耗臭氧层物质总量控制目标。为落实《议定书》的履约要求，原国家环境保护总局、原对外贸易经济合作部、海关总署于1999年12月印发了《消耗臭氧层物质进出口管理办法》，其中明确提出制定并发布《中国进出口受控消耗臭氧层物质名录》。2000年4月，进一步制定了《关于加强对消耗臭氧层物质进出口管理的规定》（环发〔2000〕85号）。据此，先后制定发布了《中国进出口受控消耗臭氧层物质名录（第一批）》（环发〔2000〕10号）、《中国进出口受控消耗臭氧层物质名录（第二批）》（环发〔2001〕6号）、《中国进出口受控消耗臭氧层物质名录（第三批）》（环发〔2004〕25号）、《中国进出口受控消耗臭氧层物质名录（第四批）》（环发〔2006〕25号）、《中国进出口受控消耗臭氧层物质名录（第五批）》（环发〔2009〕161号）。

2010年，原条例颁布实施，其中第3章第22条明确提出国务院生态环境主管部门会同国务院商务主管部门、海关总署制定、调整和公布《中国进出口受控消耗臭氧层物质名录》。原条例生效后，制定发布了《中国进出口受控消耗臭氧层物质名录（第六批）》（环境保护部、商务部、海关总署公告2012年第78号）。多批名录的发布向社会公众明确了我国根据《议定书》要求对名录中所列物质实行进出口许可证管理制度，为依法实施消耗臭氧层物质进出口许可审批提供了依据。2014年1月，根据原条例修订了《消耗臭氧层物质进出口管理办法》（环境保护部、商务部、海关总署令第26号），《消耗臭氧层物质进出口管理办法》（环发〔1999〕278号）和《关于加强对消耗臭氧层物质进出口管理的规定》（环发〔2000〕85号）同时废止。

2021年，依据原条例和《消耗臭氧层物质进出口管理办法》，发布了《中国进出口受控消耗臭氧层物质名录》（生态环境部、商务部、海关总署公告2021年第50号），前六批名录同时废止。2021年的新名录调整了消耗臭氧层物质及其混合物，补充了部分CFCs、溴氯甲烷，增加了部分已淘汰物质非受控用途的商品编号，对不再进出口的CFCs混合物进行整合。名录明确了受控物质的商品名称、商品代号、管理方式及商品编号。商品名称描述了名录管理的商品范围，其中单质以化学名称命名，混合物以组成的单质组分及混合比例（质量比）命名，并明确了部分混合物的主要用途。商品代号列明了每种物质的国际通行代号，便于查询。管理方式指"备注"一栏描述了每种受控物质属于禁止进/出口或许可证管理。商品编号是对受控物质进行商品分类、审核关税、检验商品品质等的依据，商品编号根据商务部、海关总署每年联合发布的《进口许可证管理货物目录》和《出口许可证管理货物目录》动态调整，实际工作中以最新发布目录中的商品编号为准。

二、国家消耗臭氧层物质进出口管理机构

2000年，原国家环境保护总局、原对外贸易经济合作部、海关总署联合设立了国家消耗臭氧层物质进出口管理机构,即国家消耗臭氧层物质进出口管理办公室(以下简称进出口办),负责《中国进出口受控消耗臭氧层物质名录》中所列受控物质的进出口管理工作。进出口办是三个部门联合办公机构,办公地点设在生态环境部。根据生态环境部职能配置、内设机构和人员编制规定,生态环境部加挂国家消耗臭氧层物质进出口管理办公室牌子。

根据国务院批准的生态环境部、商务部和海关总署"三定"方案规定的职能分工,进出口办由生态环境部牵头,并会同商务部、海关总署对受控物质进出口实施监督和管理,具体负责受控物质进出口管理政策法规的具体实施,对外与国际机构和缔约方协调受控物质进出口管理,对内统一负责落实受控物质进出口管理的各项具体工作,提出年度受控物质进出口总量和进出口配额的分配方案,受理企业受控物质年度进出口配额申请和企业每批受控物质的进出口审批,签发受控物质进出口审批单和出口审批单等工作。

三、实施进出口配额许可及进出口审批

进出口列入《中国进出口受控消耗臭氧层物质名录》的消耗臭氧层物质的单位(以下简称进出口单位),应当向进出口办申请进出口配额,领取进出口审批单,并提交拟进出口的消耗臭氧层物质的品种、数量、来源、用途等情况的材料。进出口单位应当在每年10月31日前向进出口办申请下一年度进出口配额,并提交下一年度消耗臭氧层物质进出口配额申请书和年度进出口计划表。初次申请进出口配额的进出口单位,还应当提交法人营业执照。进出口办在核定进出口单位的年度进出口配额申请时,综合考虑遵守法律法规情况、上一年度消耗臭氧层物质进出口计划及配额完成情况、管理水平和环境保护措施落实情况等因素。

依据《消耗臭氧层物质进出口管理办法》,进出口单位需要进出口消耗臭氧层物质的,应当向进出口办申请领取进出口受控物质审批单,并提交消耗臭氧层物质进出口申请书、对外贸易合同或者订单等相关材料,非生产企业还应当提交合法生产企业的供货证明等材料。对于特殊用途的消耗臭氧层物质的出口,进出口单位应当提交进口国政府部门出具的进出口许可证或者其他官方批准文件等材料。

第二十二条 国家消耗臭氧层物质进出口管理机构应当自受理申请之日起20个工作日内完成审查，作出是否批准的决定。予以批准的，向申请单位核发进出口审批单；未予批准的，书面通知申请单位并说明理由。

进出口审批单的有效期最长为90日，不得超期或者跨年度使用。

◆ **释义**

本条是对消耗臭氧层物质进出口审批程序和有效期的规定。

一、受理和审查

进出口单位通过生态环境部网站的"政务服务"—"生态环境部政务服务大厅"—"大气类"栏目下，点击"消耗臭氧层物质进出口配额许可审批事项"入口进行数据录入，在线填报、提交及上传有关材料电子扫描件。进出口单位在申请进出口许可审批前需先按照《公布行政审批中介服务事项调整有关事宜》（商务部公告2016年第82号）中"关于货物进出口行政许可电子认证证书和电子钥匙的申领、使用和管理"的有关要求，向所在地省级商务主管部门领取电子认证证书和电子钥匙，之后使用电子钥匙登录"消耗臭氧层物质进出口配额许可审批事项"系统。进出口单位申请材料经审查符合要求后正式受理。

进出口单位的申请材料正式受理后，先开展技术审查。技术审查人员按照技术审查要点对申请材料进行技术审查并提出建议，技术审查建议主要包括：同意申请；不符合《消耗臭氧层物质进出口管理办法》相关规定，驳回申请；申请材料已补充，同意申请；贸易确认邮件已经进口国或联合国环境署回复确认，或者未在5个工作日内反馈信息的，同意或不同意申请等情况。技术审查要点主要包括：（1）申请材料的完整性、规范性、准确性、一致性和有效性；（2）有年度进出口配额的申请单位，还需确认该单位的年度申请进出口总量不超过其年度进出口配额总量；（3）根据审批需要与贸易国进行贸易确认；（4）特殊贸易的申请材料是否符合要求等。材料补充或退回的申请会向申请单位书面说明理由。

技术审查通过后，进出口办根据技术审查建议提出终审意见。对通过终审的申请签发消耗臭氧层物质进出口审批单，审批单由消耗臭氧层物质进出口管理系统自动生成，并在系统内完成盖章、签发；未予批准的，书面通知申请单位并说明理由。对获准签发审批单的进出口单位名单进行公告。在发放审批单的同时，所批准的进出口相关数据将传送到商务部门。

二、审批期限

《中华人民共和国行政许可法》第 37 条规定，"行政机关对行政许可申请进行审查后，除当场作出行政许可决定的外，应当在法定期限内按照规定程序作出行政许可决定"。第 42 条规定，"除可以当场作出行政许可决定的外，行政机关应当自受理行政许可申请之日起二十日内作出行政许可决定。二十日内不能作出决定的，经本行政机关负责人批准，可以延长十日，并应当将延长期限的理由告知申请人。但是，法律、法规另有规定的，依照其规定"。第 32 条第 1 款第（四）项规定，如申请材料不齐全或者不符合法定形式，行政机关应当场或者在 5 日内一次告知申请人需要补正的全部内容，逾期不告知的，自收到申请材料之日起即为受理。根据上述规定，条例规定进出口办应自受理之日起 20 个工作日之内完成审查并作出是否批准的决定。未予批准的，会及时书面通知申请单位并说明理由。

三、审批单有效期

《中华人民共和国行政许可法》第 18 条规定，"设定行政许可，应当规定行政许可的实施机关、条件、程序、期限"，根据上述规定，条例规定进出口审批单有效期最长为 90 日，不得延期或者跨年度使用。如未在规定期限内使用，进出口审批单将自动失效。按照《议定书》要求，国家的进出口年度数据是国家履约数据的重要组成部分，进出口年度是指 1 月 1 日起至 12 月 31 日止的自然年度，不能跨年。国家的进出口年度数据来源于进出口审批后的进出海关关口的数据。如果审批单跨年度使用将直接影响我国国家的进出口年度数据，可能造成国家不履约。在进出口审批单审批中，对进出口单位提交的每笔申请发放一份审批单。一份审批单在商务主管部门可以多次分批换证。

第二十三条 取得消耗臭氧层物质进出口审批单的单位,应当按照国务院商务主管部门的规定申请领取进出口许可证,持进出口许可证向海关办理通关手续。列入必须实施检验的进出口商品目录的消耗臭氧层物质,由海关依法实施检验。

消耗臭氧层物质在中华人民共和国境内的海关特殊监管区域、保税监管场所与境外之间进出的,进出口单位应当依照本条例的规定申请领取进出口审批单、进出口许可证;消耗臭氧层物质在中华人民共和国境内的海关特殊监管区域、保税监管场所与境内其他区域之间进出的,或者在上述海关特殊监管区域、保税监管场所之间进出的,不需要申请领取进出口审批单、进出口许可证。

◆ **释义**

本条是关于商务部门、海关在各自职责范围内对消耗臭氧层物质实施进出口管理以及消耗臭氧层物质出入境特殊情况的规定。

一、商务部门、海关对消耗臭氧层物质的进出口管理

消耗臭氧层物质属于国家限制进出口的货物。《中华人民共和国对外贸易法》第18条规定,"国家对限制进口或者出口的货物,实行配额、许可证等方式管理……实行配额、许可证管理的货物、技术,应当按照国务院规定经国务院对外贸易主管部门或者经其会同国务院其他有关部门许可,方可进口或者出口"。《中华人民共和国海关法》第24条第1款规定,"进口货物的收货人、出口货物的发货人应当向海关如实申报,交验进出口许可证件和有关单证。国家限制进出口的货物,没有进出口许可证件的,不予放行,具体处理办法由国务院规定"。根据上述法律规定,消耗臭氧层物质进出口申请单位在取得由进出口办核发的进出口审批单后,应按照商务部相关要求向商务部或者受商务部委托的省级商务主管部门申请领取消耗臭氧层物质进出口许可证件,凭进出口许可证件办理海关通关手续,没有进出口许可证件的,海关不予放行。

《中华人民共和国进出口商品检验法》第4条规定,"由国家商检部门制定、调整必须实施检验的进出口商品目录(以下简称目录)并公布实施",第 5 条第 1 款规定,"列入目录的进出口商品,由商检机构实施检验"。《中华人民共和国进出口商品检验法实施条例》第 2 条第 1 款规定,"海关总署主管全国进出口商品检验工作",第 3 条第 1 款规定,"海关总署应当依照商检法第四条规定,制定、调整必须实施检验的进出口商品目录(以下简称目录)并公布实施",第 4 条第 1 款规定,"出入境检验检疫机构对列入目录的进出口商品以及法律、行政法规规定须经出入境检验检疫机构检验的其他进出口商品实施检验",列入必须实施检验的进出口商品目录的消耗臭氧层物质,由海关依法实施检验。

二、消耗臭氧层物质出入境特殊情况规定

海关特殊监管区域是经国务院批准,设立在中华人民共和国关境内,实行特殊的税收政策和进出口管理政策,具有加工制造、国际贸易、物流分拨、保税仓储、检测维修、研发设计、商品展示等功能,由海关按照国家有关规定实施监督的经济功能区。1990 年至今,我国在改革开放不同时期,根据外向型经济发展需要,先后设立了保税区、出口加工区、保税物流园区、保税港区、综合保税区和跨境工业区等类型的海关特殊监管区域。保税监管场所是经海关批准设立的由海关实施保税监管的特定场所,主要包括保税仓库、出口监管仓库、保税物流中心(A 型)、保税物流中心(B 型)四类。

海关特殊监管区域、保税监管场所等属于海关监管关境外的区域,关境外区域与国境外区域的进出口与关境内区域和国境外区域的进出口实施不同的进出口监管政策,比如《中华人民共和国海关综合保税区管理办法》第 8 条规定,"综合保税区与境外之间进出的货物不实行关税配额、许可证件管理,但法律法规、我国缔结或者参加的国际条约、协定另有规定的除外"。

由上述条款可知,对于货物的进出口,国家海关监管政策是实行关境管理,而消耗臭氧层物质的进出口按照《议定书》的履约要求,实行国境管理,即消耗臭氧层物质在中华人民共和国境内与境外之间进出的,均应依照条例的规定申请领取进出口审批单和进出口许可证件。在中华人民共和国境内的海关特殊监管区域、保税监管场所与境内其他区域之间进出的,或者在上述海关特殊监管区域、保税监管场所之间进出的,不需要申请领取进出口审批单、进出口许可证件。

第四章 监督检查

第二十四条 生态环境主管部门和其他有关部门，依照本条例的规定和各自的职责对消耗臭氧层物质的生产、销售、使用和进出口等活动进行监督检查。

◆ **释义**

本条是对生态环境主管部门和其他有关部门监督检查权的规定。

一、关于监督检查的定义

监督检查属于行政法的范畴，是行政执法一般性的、普遍性的概念。监督检查是指行政机关依照法定权限、法定程序对行政相对人的生产经营行为进行监督检查的活动。监督检查是政府及其主管部门依法行使行政职权的重要方式，是查处违法行为、维护市场秩序、保护合法经营、保障合法权益的重要措施和手段。监督检查应遵循公开、公平、公正的原则等。

二、关于实施监督检查的主体

实施监督检查的主体包括生态环境主管部门和其他有关部门。其中，生态环境主管部门包括国务院生态环境主管部门和地方人民政府生态环境主管部门，其他有关部门主要包括商务主管部门、海关等。上述政府部门应当根据条例和有关法律、法规的规定，在各自的职责范围内，实施相关的监督检查活动。

三、关于监督检查的对象

本条规定对消耗臭氧层物质的生产、销售、使用和进出口等活动进行监督检查。条例第 1 章明确了消耗臭氧层物质及其生产、使用的定义和范围。第 2 章和第 3 章分别明确了消耗臭氧层物质生产、销售、使用和进出口的具体管理规定。从事消耗臭氧层物质生产、销售、使用和进出口等活动的单位应严格遵守条例和有关法律、法规的规定，组织生产经营活动。

第二十五条 生态环境主管部门和其他有关部门进行监督检查，有权采取下列措施：

（一）要求被检查单位提供有关资料；

（二）要求被检查单位就执行本条例规定的有关情况作出说明；

（三）进入被检查单位的生产、经营、储存场所进行调查和取证；

（四）责令被检查单位停止违反本条例规定的行为，履行法定义务；

（五）扣押、查封违法生产、销售、使用、进出口的消耗臭氧层物质及其生产设备、设施、原料及产品。

被检查单位应当予以配合，如实反映情况，提供必要资料，不得拒绝和阻碍。

◆ **释义**

本条是对生态环境主管部门和其他有关部门进行监督检查时有权采取的措施的规定。

为了加大查处力度，提高查处工作效率，保证查处工作质量，有效打击违反条例的行为，需要赋予生态环境主管部门和其他有关部门必要的监督检查手段。为此，本条规定生态环境主管部门和其他有关部门在履行监督检查职责时，有权采取下列措施。

一、要求被检查单位提供有关资料

要求被检查单位提供有关资料是保证生态环境主管部门和其他有关部门依法履行监督检查职责时，查清违法事实，获取书证的重要手段。生态环境主管部门和其他有关部门依法行使该项调取、查阅资料权时，被检查的单位或者个人必须如实提供，不得拒绝提供，不得转移、销毁有关文件和资料，不得提供虚假的文件和资料。这里所称有关资料，主要包括从事消耗臭氧层物质相关生产经营活动的各类台账、操作记录、数据表格及财务账目等。生态环境主管部门和其他有关部门调取有关资料时，应当以原始凭证为据，调取原始凭证有困难的，可以复制，并由出具该文件、资料的单位或者个人签名或者盖章。

二、要求被检查单位就执行条例规定的有关情况作出说明

这是保证生态环境主管部门和其他有关部门依法履行监督检查职责，查清违法事实，获取证人证言的重要手段。生态环境主管部门和其他有关部门行使该项询问权时，被检查的单位或者个人必须如实说明情况，回答相关提问，不得拒绝或者作与事实不符的虚假陈述。

三、进入被检查单位的生产、经营、储存场所进行调查和取证

这是保证生态环境主管部门和其他有关部门依法履行监督检查职责，开展现场检查的重要手段。通过现场检查，有利于督促从事消耗臭氧层物质相关生产经营活动的单位遵守条例规定，促使相关单位加强管理，提高相关人员的消耗臭氧层物质管理意识和观念。生态环境主管部门和其他有关部门进入消耗臭氧层物质生产、经营、储存场所进行调查和取证时，被检查的单位或者个人应当配合并提供便利条件，不得拒绝或者阻挠。

四、责令被检查单位停止违反条例规定的行为，履行法定义务

这是保证生态环境主管部门和其他有关部门有效实施监督检查权的重要手段，也是及时阻止违法行为的有力措施。对于违反条例规定的行为，必须严厉查处。在查处过程中，为了尽可能减少环境和社会影响，责令被检查单位停止违法违规行为，是非常必要的。如对于无生产配额许可证生产消耗臭氧层物质的行为，按照条例第30条规定，由所在地生态环境主管部门责令停止违法行为，降低非法生产消耗臭氧层物质的环境影响。生态环境主管部门和其他有关部门在作出责令停止违反条例规定行为的决定时，要切实掌握被检查单位违法违规的事实。

五、扣押、查封违法生产、销售、使用、进出口的消耗臭氧层物质及其生产设备、设施、原料及产品

这是生态环境主管部门和其他有关部门确保被检查单位停止违法行为，防止物料转移或者泄漏，降低环境影响的重要手段。同时，扣押和封存的相关生产工具及物料为进一步查清违法违规行为性质、数量与程度等以及最终的法律责任界定、依法处罚提供依据。生态环境主管部门和其他有关部门应对扣押和封存的相关生产设备、设施、原料及产品依据条例的相关规定进行妥善处置。

监督检查具有行政强制力，生态环境主管部门和其他有关部门采取上述措施履行监督检查职责时，被检查单位应当予以配合，如实反映情况，提供必要资料，不得拒绝和阻碍。拒绝或者阻碍监督检查的，依据条例第40条由监督检查部门责令改正，处2万元以上20万元以下的罚款；构成违反治安管理行为的，由公安机关依法给予治安管理处罚；构成犯罪的，依法追究刑事责任。

第二十六条 生态环境主管部门和其他有关部门进行监督检查，监督检查人员不得少于2人，并应当出示有效的行政执法证件。

生态环境主管部门和其他有关部门的工作人员，对监督检查中知悉的商业秘密负有保密义务。

◆ **释义**

本条是对监督检查人员规范履行职责的具体规定。

一、关于检查程序性要求

本条第1款规定，生态环境主管部门和其他有关部门进行监督检查，监督检查人员不得少于2人，并应当出示有效的行政执法证件。为进一步加强生态环境执法队伍建设，促进严格、规范、公正、文明、廉洁执法，依据《中华人民共和国环境保护法》《中华人民共和国行政处罚法》及《生态环境行政处罚办法》等法律、法规、规章，结合执法工作实际，生态环境部2024年1月修订了《生态环境执法人员行为规范》，其中第9条明确规定，在调查或者进行检查时，执法人员不得少于2人。应当主动向当事人或者有关人员出示行政执法证件，告知其申请回避的权利和配合调查的义务。

二、关于检查人员保密义务的规定

本条第 2 款规定，生态环境主管部门和其他有关部门的工作人员，对监督检查中知悉的商业秘密负有保密义务。被检查单位所拥有的不愿意公开或者不便公开的信息，比如专利技术、市场营销网络、重要客户名单等，对企业的发展至关重要，不能随意泄露。根据《生态环境执法人员行为规范》第 19 条规定，检查人员应当遵守保密规定，不得泄露国家秘密、工作秘密，不得泄露因履行职责掌握的商业秘密，不得泄露举报人、投诉人的个人信息等。

第二十七条 国务院生态环境主管部门应当建立健全消耗臭氧层物质的数据信息管理系统，收集、汇总和发布消耗臭氧层物质的生产、使用、进出口等数据信息。

地方人民政府生态环境主管部门应当将监督检查中发现的违反本条例规定的行为及处理情况逐级上报至国务院生态环境主管部门。

县级以上地方人民政府其他有关部门应当将监督检查中发现的违反本条例规定的行为及处理情况逐级上报至国务院有关部门，国务院有关部门应当及时抄送国务院生态环境主管部门。

◆ **释义**

本条是关于各级生态环境主管部门和其他有关部门履行消耗臭氧层物质管理和监督检查责任的规定。

一、关于消耗臭氧层物质的数据信息管理系统

条例建立了消耗臭氧层物质全生命周期管理体系，并提出了数据报送要求。本条第 1 款规定了国务院生态环境主管部门应当建立健全消耗臭氧层物质的数据信息管理系统，收集、汇总和发布消耗臭氧层物质的生产、使用、进出口等数据信息。为加强数据管理，优化数据报送方式，减轻企业管理负担，生态环境部分别建立了消耗臭氧层物质信息管理系统（http://new-ods.ozone.org.cn）和《议定书》受控物质进出口管理系统（http：//ods. enviroie. org. cn/newods/），实现了收集、汇总和发布消耗臭氧层物质的生产、使用、进出口等数据信息的功能。

消耗臭氧层物质信息管理系统涵盖消耗臭氧层物质生产、使用配额管理，销售、使用、维修、回收、再生利用及销毁处置备案管理，数据统计等模块，具备全流程、全链条、全层级监督管理功能。相关单位可直接登录系统注册账号、申请配额或者备案、上报数据等，并可在系统首页查询已核发配额或者已备案企业信息。

《议定书》受控物质进出口管理系统能够实现消耗臭氧层物质进出口申请、审批及部门间数据交换全流程电子化。进出口单位可通过系统办理受控物质进出口审批单申领业务，并查询进出口审批公示结果。审批单电子信息会同步传输至商务部许可证发证系统，商务部或者受商务部委托的省级商务主管部门根据审批单电子信息发放许可证。进出口单位持许可证办理通关业务。

二、关于对监督检查中发现的违反条例规定的行为及处理情况报送规定

本条第 2 款和第 3 款是对地方人民政府生态环境主管部门和其他有关部门、国务院有关部门的要求。加强消耗臭氧层物质的管理，是履行国际环境公约规定的义务，事关我国国际形象、人民群众身体健康和生态环境保护。条例第 4 条第 2 款规定国务院生态环境主管部门统一负责全国消耗臭氧层物质的监督管理工作，需要地方生态环境主管部门和其他有关部门的支持与配合，包括落实监督检查责任，并将监督检查中发现及收到的违反本条例规定的行为及处理情况逐级报送至国务院生态环境主管部门，确保守牢国家履约底线。

第二十八条 地方人民政府生态环境主管部门或者其他有关部门对违反本条例规定的行为不查处的，其上级主管部门有权责令其依法查处或者直接进行查处。

◆ **释义**

本条是对地方人民政府生态环境主管部门或者其他有关部门监督制约

机制的规定。

条例规定了总量控制和配额管理为核心的消耗臭氧层物质管理制度，建立了全流程管理体系，并在第5章明确了违反相关规定的法律责任。为确保地方人民政府生态环境主管部门或者其他有关部门能够依照条例规定，查处违法违规行为，本条设定了明确的监督机制，旨在强化各级生态环境主管部门及其他有关部门的责任意识，确保条例的有效实施。

一、地方人民政府生态环境主管部门或者其他有关部门负责属地监管

条例第4条第4款规定，地方人民政府生态环境主管部门或者其他有关部门依照条例的规定和各自的职责负责本行政区域消耗臭氧层物质的有关监督管理工作，要按照条例第2章"生产、销售和使用"、第3章"进出口"有关规定，督促涉消耗臭氧层物质相关单位履行必要的法律责任和义务，包括申请配额、备案，对生产过程中附带产生的消耗臭氧层物质进行无害化处置等。同时，地方人民政府生态环境主管部门或者其他有关部门必须按照本条例第5章"法律责任"有关规定，对违反条例的行为进行坚决查处，营造良好的涉消耗臭氧层物质经营环境，促进我国涉消耗臭氧层物质相关产业和行业的有序、可持续发展。

二、相关上级主管部门要建立监督制约机制

上级生态环境主管部门或者其他有关部门责令其下级主管部门对违反条例规定的行为进行查处，属于行政机关的内部监督。这种内部监督，必须是严格依照法律规定对下级主管部门的行政不作为予以纠正。本条规定的目的在于健全、完善生态环境主管部门或者其他有关部门的内部监督制约机制，通过监督纠正下级生态环境主管部门或者其他有关部门的违法违规行为，树立依法行政观念，提高消耗臭氧层物质执法监管水平。在上级主管部门责令其下级主管部门进行依法查处后，下级主管部门仍不查处或者查处不力的，或者上级主管部门认为下级主管部门无法正常履行其职责的，上级主管部门也可以直接对违反条例规定的行为进行调查并作出相应的处理决定，做到有法必依、违法必究。

第五章 法 律 责 任

第二十九条 负有消耗臭氧层物质监督管理职责的部门及其工作人员有下列行为之一的，对直接负责的主管人员和其他直接责任人员，依法给予处分；直接负责的主管人员和其他直接责任人员构成犯罪的，依法追究刑事责任：

（一）违反本条例规定核发消耗臭氧层物质生产、使用配额许可证的；

（二）违反本条例规定核发消耗臭氧层物质进出口审批单或者进出口许可证的；

（三）对发现的违反本条例的行为不依法查处的；

（四）在办理消耗臭氧层物质生产、使用、进出口等行政许可以及实施监督检查的过程中，索取、收受他人财物或者谋取其他利益的；

（五）有其他徇私舞弊、滥用职权、玩忽职守行为的。

◆ 释义

本条是关于负有消耗臭氧层物质监督管理职责的部门及其工作人员未依法履行职责的法律责任衔接的规定。

本条例第 12 条、第 13 条、第 14 条规定了主管部门核发消耗臭氧层物质生产、使用配额许可证的有关要求。第 22 条、第 23 条规定了主管部门核发消耗臭氧层物质进出口审批单、进出口许可证的有关要求。第 30 条至第 40 条规定了主管部门查处违法行为的有关要求。《中华人民共和国公职人员政务处分法》《中华人民共和国公务员法》规定了不依法履职的纪律责任。《中华人民共和国刑法》第 385 条、第 387 条对受贿罪作了规定，第 397 条对滥用职权罪、玩忽职守罪作了规定。本条与上述条款相对应，分别衔接了纪律责任、刑事责任。《中华人民共和国行政许可法》相关条文也作了类似规定。

《修改决定》对本条内容未作修改，条款序号由原第 30 条调整为第 29 条。

一、关于本条规定的违法行为主体和责任主体

本条规定的违法行为既适用于单位，又适用于个人。违法行为主体分为两类：

一是负有消耗臭氧层物质监督管理职责的部门，具体包括生态环境主管部门、商务主管部门、海关等部门。

二是负有消耗臭氧层物质监督管理职责的部门工作人员，即生态环境主管部门、商务主管部门、海关等部门的工作人员。

《中华人民共和国公职人员政务处分法》第 10 条规定，有关机关、单位、组织集体作出的决定违法或者实施违法行为的，对负有责任的领导人员和直接责任人员中的公职人员依法给予政务处分。《中华人民共和国刑法》第 31 条规定，单位犯罪的，对单位判处罚金，并对其直接负责的主管人员和其他直接责任人员判处刑罚。因此，本条规定了两类责任主体：一是直接负责的主管人员，指直接组织实施了本条规定的违法行为的领导人员。二是其他直接责任人员，指虽然不是直接领导者但对违法行为负有直接责任的人员。对上述违法行为主体实施的违法行为，应当依法追究直接负责的主管人员和其他直接责任人员的纪律责任、刑事责任。

二、关于本条规定的违法行为

本条具体规定了五类违法行为：

一是违法核发消耗臭氧层物质生产、使用配额许可证。条例第 11 条、第 12 条、第 13 条、第 14 条规定了核发消耗臭氧层物质生产、使用配额许可证的有关条件、程序、时限、公告等要求，对配额的核定、审查、核发、调整等环节都作了具体规定。该项职责由生态环境部及其工作人员履行。违反上述要求，即未依法履行职责，构成违法行为。直接负责的主管人员和其他直接责任人员，应当依法承担纪律责任；构成犯罪的，依法承担刑事责任。

二是违法核发消耗臭氧层物质进出口审批单或者进出口许可证。条例第21条、第22条规定了核发消耗臭氧层物质进出口审批单的有关条件、程序、时限要求。该项职责由进出口办及其工作人员履行。违反上述要求，即未依法履行职责，构成违法行为。直接负责的主管人员和其他直接责任人员，应当依法承担纪律责任；构成犯罪的，依法承担刑事责任。条例第23条规定，取得消耗臭氧层物质进出口审批单的单位，应当按照国务院商务主管部门的规定申请领取进出口许可证。核发进出口许可证，是商务主管部门及其工作人员的职责。未按照商务部规定核发消耗臭氧层物质进出口许可证，即未依法履行职责，构成违法行为。直接负责的主管人员和其他直接责任人员，应当依法承担纪律责任；构成犯罪的，依法承担刑事责任。

三是对发现的违法行为不依法查处。条例第30条至第40条规定了主管部门查处违法行为的有关要求，如针对不同违法行为，分别采取责令停止违法行为、责令改正、没收、罚款、拆除或者销毁设备设施、吊销许可证、核减配额数量、停产整治或者停业整治、撤销许可证等措施。这些职责分别由生态环境主管部门、商务主管部门、海关及其工作人员履行。违反上述要求，即未依法履行职责，构成违法行为。直接负责的主管人员和其他直接责任人员，应当依法承担纪律责任；构成犯罪的，依法承担刑事责任。

四是在办理消耗臭氧层物质生产、使用、进出口等行政许可以及实施监督检查的过程中，索取、收受他人财物或者谋取其他利益。《中华人民共和国刑法》第385条第1款规定，国家工作人员利用职务上的便利，索取他人财物的，或者非法收受他人财物，为他人谋取利益的，是受贿罪。第387条规定国家机关、国有公司、企业、事业单位、人民团体，索取、非法收受他人财物，为他人谋取利益，情节严重的，对单位判处罚金，并对其直接负责的主管人员和其他直接责任人员处有期徒刑或者拘役。在办理消耗臭氧层物质生产、使用、进出口等行政许可以及实施监督检查的过程中，索取、收受他人财物或者谋取其他利益，构成违法行为的，直接负责的主管人员和其他直接责任人员应当依法承担纪律责任；构成犯罪的，依法承担刑事责任。

五是兜底条款，以"其他徇私舞弊、滥用职权、玩忽职守行为"兜底，避免挂一漏万。《中华人民共和国公职人员政务处分法》第39条规定，有下列行为之一，造成不良后果或者影响的，予以警告、记过或者记大过；情节较重的，予以降级或者撤职；情节严重的，予以开除：（1）滥用职权，危害国家利益、社会公共利益或者侵害公民、法人、其他组织合法权益的；（2）不履行或者不正确履行职责，玩忽职守，贻误工作的；（3）工作中有形式主义、官僚主义行为的；（4）工作中有弄虚作假、误导、欺骗行为的；（5）泄露国家秘密、工作秘密，或者泄露因履行职责掌握的商业秘密、个人隐私的。《中华人民共和国刑法》第397条规定，国家机关工作人员滥用职权或者玩忽职守，致使公共财产、国家和人民利益遭受重大损失的，处有期徒刑或者拘役。国家机关工作人员徇私舞弊，犯该罪的，处有期徒刑或者拘役。根据以上规定，生态环境主管部门、商务部门、海关等负有消耗臭氧层物质监督管理职责的部门及其工作人员，如果有其他徇私舞弊、滥用职权、玩忽职守行为的，直接负责的主管人员和其他直接责任人员应当依法承担纪律责任；构成犯罪的，依法承担刑事责任。

三、关于本条规定的法律责任形式

本条衔接的法律责任分为纪律责任、刑事责任两种形式：

一是纪律责任的形式，有警告、记过、记大过、降级、撤职、开除六种。《中华人民共和国公务员法》和《中华人民共和国公职人员政务处分法》均作了明确规定。如根据《中华人民共和国公职人员政务处分法》第3条第1款、第2款规定，监察机关应当按照管理权限，加强对公职人员的监督，依法给予违法的公职人员政务处分。公职人员任免机关、单位应当按照管理权限，加强对公职人员的教育、管理、监督，依法给予违法的公职人员处分。根据《中华人民共和国公务员法》第61条规定，公务员因违纪违法应当承担纪律责任的，给予处分或者由监察机关依法给予政务处分。需要说明的是，对同一违纪违法行为，监察机关已经作出政务处分决定的，公务员任免机关不再给予处分。

二是刑事责任的形式，根据《中华人民共和国刑法》第385条、第387条、第397条等规定，有拘役、有期徒刑、无期徒刑、死刑、罚金、没收财产等。

四、关于追究本条规定法律责任的实施主体

本条衔接的法律责任，由任免机关、监察机关、司法机关等依法追究。

第三十条 无生产配额许可证生产消耗臭氧层物质的，由所在地生态环境主管部门责令停止违法行为，没收用于违法生产消耗臭氧层物质的原料、违法生产的消耗臭氧层物质和违法所得，拆除、销毁用于违法生产消耗臭氧层物质的设备、设施，并处100万元以上500万元以下的罚款。

◆ 释义

本条是关于无生产配额许可证生产消耗臭氧层物质的法律责任的规定。

条例第10条规定了消耗臭氧层物质生产单位应当申请领取生产配额许可证，第15条第2款规定禁止无生产配额许可证生产消耗臭氧层物质。本条与之相对应明确了相应的法律责任。

《修改决定》对本条作了三点修改：一是提升了罚款数额，将"100万元"提升为"100万元以上500万元以下"；二是将实施主体由"所在地县级以上地方人民政府环境保护主管部门"修改为"所在地生态环境主管部门"；三是条款序号由第31条调整为第30条。

一、关于本条规定的违法行为主体

条例第10条和第15条第2款从正反两方面分别规定了消耗臭氧层物质生产主体的义务。因此，本条规定的违法主体是无生产配额许可证生产消耗臭氧层物质的主体。

二、关于本条规定的违法行为

如果有生产配额许可证，消耗臭氧层物质生产单位的生产行为，属于合法行为。如果没有生产配额许可证，相关主体的生产行为即属于违法行为，具体包括两类：一是没有申请生产配额许可证；二是虽然已经提出申请，但尚未取得生产配额许可证。

三、关于本条规定的法律责任形式

《中华人民共和国行政处罚法》第28条规定，行政机关实施行政处罚时，应当责令当事人改正或者限期改正违法行为。当事人有违法所得，除依法应当退赔的外，应当予以没收。违法所得是指实施违法行为所取得的款项。法律、行政法规、部门规章对违法所得的计算另有规定的，从其规定。《生态环境行政处罚办法》第88条也作了同样规定。根据上述规定，对当事人的违法行为，行政机关既要依法实施行政处罚，又要责令其改正；有违法所得的，还要予以没收，不能任其违法获利。

本条规定了承担法律责任的四种形式：

一是责令停止违法行为，回归合法状态。在性质上，这是责令改正的行政命令。在行政裁量权上，没有裁量选择的余地，必须责令其停止违法行为，不能任由其继续违法生产。

二是没收。没收财物包括三类：（1）违法生产消耗臭氧层物质的原料；（2）违法生产的消耗臭氧层物质；（3）违法所得。对这三类财物，均要予以没收。在性质上，这是行政处罚种类之一，属于行政责任。在行政裁量权上，没有裁量选择余地，必须对违法财物全部没收。

三是拆除、销毁。对用于违法生产消耗臭氧层物质的设备、设施，要予以拆除、销毁，以消除其违法生产能力。在性质上，这也是行政处罚种类之一，属于行政责任。在行政裁量权上，没有裁量选择余地，必须完全拆除、销毁其用于违法生产消耗臭氧层物质的设备、设施。

四是罚款，数额在100万元以上500万元以下。无生产配额许可证生产消耗臭氧层物质，违法成本低而收益巨大，有必要大幅提升罚款数额，所以将罚款数额由"100万元"提升为"100万元以上500万元以下"。在性质上，这也是行政处罚种类之一，属于行政责任。根据《生态环境行政处罚办法》第41条规定，行使行政处罚裁量权应当符合立法目的，并综合考虑以下情节：（1）违法行为造成的环境污染、生态破坏以及社会影响；（2）当事人的主观过错程度；（3）违法行为的具体方式或者手段；（4）违法行为持续的时间；（5）违法行为危害的具体对象；（6）当事人是初次违法还是再次违法；（7）当事人改正违法行为的态度和所采取的改正措施及效果。本条规定了一定的行政裁量权违法行为。具体而言，是否处以罚款，没有裁量的余地。但罚款数额的多少，可以综合考虑违法情节和相关因素，在100万元以上500万元以下，裁量决定。

四、关于追究本条规定法律责任的实施主体

对无生产配额许可证生产消耗臭氧层物质的违法行为，由所在地生态环境主管部门进行调查处理，其他部门无案件管辖权。

第三十一条 依照本条例规定应当申请领取使用配额许可证的单位无使用配额许可证使用消耗臭氧层物质，或者违反本条例规定将已淘汰的消耗臭氧层物质用于制冷剂、发泡剂、灭火剂、溶剂、清洗剂、加工助剂、杀虫剂、气雾剂、膨胀剂等用途的，由所在地生态环境主管部门责令停止违法行为，没收违法使用的消耗臭氧层物质、违法使用消耗臭氧层物质生产的产品和违法所得，并处 20 万元以上 50 万元以下的罚款；情节严重的，并处 50 万元以上 100 万元以下的罚款，拆除、销毁用于违法使用消耗臭氧层物质的设备、设施。

◆ **释义**

本条是关于无使用配额许可证使用消耗臭氧层物质、违法将已淘汰的消耗臭氧层物质用于特定用途的法律责任的规定。

根据条例第 10 条规定，消耗臭氧层物质使用单位应当申请领取使用配额许可证。第 16 条第 2 款规定，除条例第 10 条规定的不需要申请领取使用配额许可证的情形外，禁止无使用配额许可证使用消耗臭氧层物质。根据第 5 条第 1 款、第 2 款规定，国家逐步削减并最终淘汰作为制冷剂、发泡剂、灭火剂、溶剂、清洗剂、加工助剂、杀虫剂、气雾剂、膨胀剂等用途的消耗臭氧层物质。禁止将国家已经淘汰的消耗臭氧层物质用于前述规定的用途。本条与之相对应明确了相应的法律责任。

《修改决定》对本条作了 3 点修改：一是违法行为由一项增加到两项，新增加了将已淘汰的消耗臭氧层物质用于特定用途的违法行为；二是提升了罚款数额，将"20 万元"提升为"20 万元以上 50 万元以下"，将"50 万元"提升为"50 万元以上 100 万元以下"；三是将实施主体由"所在地县级以上地方人民政府环境保护主管部门"修改为"所在地生态环境主管部门"。

一、关于本条规定的违法主体

条例第 10 条和第 16 条第 2 款从正反两方面分别规定了消耗臭氧层物质使用主体的义务。第 5 条第 2 款规定了已经淘汰的消耗臭氧层物质的禁止性用途。因此，本条规定的违法主体是使用消耗臭氧层物质的主体。

二、关于本条规定的违法行为

本条规定的违法行为有两类：

一是无使用配额许可证，使用消耗臭氧层物质。需要说明的是，根据条例第 10 条的规定，部分情形下使用单位不需要申领使用配额许可证。那么，相应地在该情形下，即使无使用配额许可证使用消耗臭氧层物质，也不属于违法行为。具体包括四种情形：（1）维修单位为了维修制冷设备、制冷系统或者灭火系统使用消耗臭氧层物质的；（2）实验室为了实验分析少量使用消耗臭氧层物质的；（3）海关为了防止有害生物传入传出使用消耗臭氧层物质实施检疫的；（4）生态环境部规定的其他情形。违法行为需要排除这四种情形。

二是违反条例规定将已淘汰的消耗臭氧层物质用于制冷剂、发泡剂、灭火剂、溶剂、清洗剂、加工助剂、杀虫剂、气雾剂、膨胀剂等用途的。根据条例第 5 条第 1 款、第 2 款规定，国家逐步削减并最终淘汰作为上述用途的消耗臭氧层物质。禁止将国家已经淘汰的消耗臭氧层物质用于前述规定的用途。因此，将国家已经淘汰的消耗臭氧层物质用于上述用途，即属于违法行为。

三、关于本条规定法律责任的形式

本条规定了承担法律责任的四种形式：

一是责令停止违法行为，回归合法状态。在性质上，这是责令改正的行政命令。在行政裁量权上，没有裁量选择的余地，必须责令其停止违法行为，不能任由其继续违法使用。

二是没收。没收财物包括三类：（1）违法使用的消耗臭氧层物质；（2）违法使用消耗臭氧层物质生产的产品；（3）违法所得。这三类财物，均要予以没收。在性质上，这是行政处罚种类之一，属于行政责任。在行政裁量权上，没有裁量选择余地，必须对违法财物全部没收。

三是罚款。罚款分两档，一是处 20 万元以上 50 万元以下的罚款；二是情节严重的，处 50 万元以上 100 万元以下的罚款。在性质上，这也是行政处罚种类之一，属于行政责任。本条规定了一定的行政裁量权。具体而言，是否处以罚款，没有裁量的余地。但罚款数额的多少，可以综合考虑违法情节和相关因素，在法定幅度范围内，裁量决定。

四是拆除、销毁。对用于违法使用消耗臭氧层物质的设备、设施，要予以拆除、销毁，以消除其违法使用能力。需要说明的是，拆除、销毁用于违法使用消耗臭氧层物质的设备、设施，仅适用于情节严重的情形。如果不属于情节严重情形，则不能实施拆除、销毁。是否属于情节严重情形，根据相关行政裁量标准确定。

四、关于追究本条规定法律责任的实施主体

对本条规定的违法行为，由所在地生态环境主管部门进行调查处理，其他部门无案件管辖权。

第三十二条 消耗臭氧层物质的生产、使用单位有下列行为之一的，由所在地省、自治区、直辖市人民政府生态环境主管部门责令停止违法行为，没收违法生产、使用的消耗臭氧层物质、违法使用消耗臭氧层物质生产的产品和违法所得，并处 10 万元以上 50 万元以下的罚款，报国务院生态环境主管部门核减其生产、使用配额数量；情节严重的，并处 50 万元以上 100 万元以下的罚款，报国务院生态环境主管部门吊销其生产、使用配额许可证：

（一）超出生产配额许可证规定的品种、数量、期限生产消耗臭氧层物质的；

（二）超出生产配额许可证规定的用途生产或者销售消耗臭氧层物质的；

（三）超出使用配额许可证规定的品种、数量、用途、期限使用消耗臭氧层物质的。

◆ **释义**

本条是关于超配额许可证生产、销售、使用消耗臭氧层物质的法律责任的规定。

条例第 15 条第 1 款规定，消耗臭氧层物质的生产单位不得超出生产配额许可证规定的品种、数量、期限生产消耗臭氧层物质，不得超出生产配额许可证规定的用途生产、销售消耗臭氧层物质。第 16 条第 1 款规定，依照条例规定领取使用配额许可证的单位，不得超出使用配额许可证规定的品种、用途、数量、期限使用消耗臭氧层物质。本条与之相对应明确了相应的法律责任。

《修改决定》对本条作了两点修改：一是提高了罚款数额，将"2 万元以上 10 万元以下"修改为"10 万元以上 50 万元以下"，将"10 万元以上 20 万元以下"修改为"50 万元以上 100 万元以下"；二是将"环境保护主管部门"修改为"生态环境主管部门"。

一、关于本条规定的违法主体

条例第 15 条第 1 款和第 16 条第 1 款分别规定了消耗臭氧层物质的生产单位和消耗臭氧层物质的使用单位的不作为法律义务。如果其遵守不作为义务，则合法；如果其不遵守不作为义务，则违法。因此，本条规定的违法主体有两类：一是消耗臭氧层物质的生产单位，对应本条第 1 项、第 2 项违法行为；二是消耗臭氧层物质的使用单位，对应本条第 3 项违法行为。

二、关于本条规定的违法行为

本条规定的违法行为分为三类：

一是超出生产配额许可证规定的品种、数量、期限生产消耗臭氧层物质。消耗臭氧层物质的生产单位，应当向生态环境部申请领取生产配额许可证。生产配额许可证载明了准予生产的消耗臭氧层物质的品种、数量、有效期限等信息。需要调整配额的，应当向生态环境部申请办理变更手续。如果超出生产配额许可证规定的品种、数量、期限生产消耗臭氧层物质，即属于违法行为。

二是超出生产配额许可证规定的用途生产或者销售消耗臭氧层物质。生产配额许可证载明了准予生产的消耗臭氧层物质的用途信息。如果超出生产配额许可证规定的用途生产、销售消耗臭氧层物质，即属于违法行为。

三是超出使用配额许可证规定的品种、数量、用途、期限使用消耗臭氧层物质。消耗臭氧层物质的使用单位，应当向生态环境部申请领取使用配额许可证。使用配额许可证载明了准予使用的消耗臭氧层物质的品种、用途、数量、有效期限等信息。需要调整配额的，应当向生态环境部申请办理变更手续。如果超出使用配额许可证规定的品种、数量、用途、期限使用消耗臭氧层物质，即属于违法行为。

三、关于本条规定的法律责任形式

本条规定了承担法律责任的五种形式：

一是责令停止违法行为，回归合法状态。在性质上，这是责令改正的行政命令。在行政裁量权上，没有裁量选择的余地，必须责令其停止违法行为，不能任由其继续违法超配额许可证生产、使用。

二是没收。没收财物包括三类：（1）用于违法生产、使用的消耗臭氧层物质；（2）违法使用消耗臭氧层物质生产的产品；（3）违法所得。这三类财物，均要予以没收。在性质上，这是行政处罚种类之一，属于行政责任。在行政裁量权上，没有裁量选择余地，必须对违法财物全部没收。

三是罚款。罚款分两档，一是处 10 万元以上 50 万元以下的罚款；二是情节严重的，处 50 万元以上 100 万元以下的罚款。在性质上，这也是行政处罚种类之一，属于行政责任。本条规定了一定的行政裁量权。具体而言，是否处以罚款，没有裁量的余地。但罚款数额的多少，可以综合考虑违法情节和相关因素，在法定幅度范围内，裁量决定。

四是核减生产、使用配额数量。超出配额许可证规定生产、销售、使用消耗臭氧层物质，为的是更多的经济利益。核减其配额数量，可以通过降低其可得利益，让其违法行为得不偿失。本条规定了一定的行政裁量权。具体而言，是否核减其生产、使用配额数量，没有裁量的余地，必须予以核减。但核减配额的多少，可以综合考虑违法情节和相关因素，裁量决定。

五是吊销生产、使用配额许可证。需要说明的是，吊销配额许可证，仅适用于情节严重的情形。如果不属于情节严重的情形，则不能实施此项处罚。是否属于情节严重情形，根据相关行政裁量标准确定。在性质上，这也是行政处罚种类之一，属于行政责任。

四、关于追究本条规定法律责任的实施主体

本条规定的法律责任实施主体有两类：一是所在地省、自治区、直辖市人民政府生态环境主管部门，负责实施责令停止违法行为、没收、罚款；二是生态环境部，负责核减生产、使用配额数量和吊销生产、使用配额许可证。其他部门无案件管辖权。

第三十三条　消耗臭氧层物质的生产、销售、使用单位向不符合本条例规定的单位销售或者购买消耗臭氧层物质的，由所在地生态环境主管部门责令改正，没收违法销售或者购买的消耗臭氧层物质和违法所得，处以所销售或者购买的消耗臭氧层物质市场总价 3 倍的罚款；对取得生产、使用配额许可证的单位，报国务院生态环境主管部门核减其生产、使用配额数量。

◆ **释义**

本条是关于非法销售或者购买消耗臭氧层物质的法律责任的规定。

一、违法行为

本条规定的法律责任，违法主体限定在消耗臭氧层物质的生产单位、销售单位或者使用单位，适用于消耗臭氧层物质的生产、销售、使用单位向不符合条例规定的单位销售或者购买消耗臭氧层物质的违法行为。条例第 18 条规定，除依照条例规定进出口外，消耗臭氧层物质的购买和销售行为只能在符合条例规定的消耗臭氧层物质的生产、销售和使用单位之间进行。同时，依照条例有关规定，消耗臭氧层物质的生产、使用单位，应当符合法定的条件，并按照要求进行生产和使用；销售单位应当按照国务院生态环境主管部门的规定进行备案。如果消耗臭氧层物质的生产单位、销售单位或者使用单位，违反上述规定，向不符合条例要求的其他单位销售或者购买消耗臭氧层物质的，适用本条规定追究法律责任。比如，向没有生产配额许可证的生产单位购买消耗臭氧层物质的，向未经备案的销售单位购买消耗臭氧层物质的，等等。

二、法律责任

（一）关于追究本条规定法律责任的实施主体

本条规定的法律责任，核减消耗臭氧层物质生产、使用配额数量，由国务院生态环境主管部门实施，其他法律责任的追究由违法主体所在地生态环境主管部门实施。

（二）关于本条规定的法律责任形式

1. 责令改正。即责令消耗臭氧层物质的生产、销售、使用单位改正其违法行为，比如立即停止违法购买或销售行为。《中华人民共和国行政处罚法》第 28 条第 1 款规定，行政机关实施行政处罚时，应当责令当事人改正或者限期改正违法行为。本条规定与《中华人民共和国行政处罚法》的规定保持了衔接。

2. 没收违法销售或者购买的消耗臭氧层物质和违法所得。这实际上涉及没收非法财物和没收违法所得两个不同的行政处罚种类。没收违法销售或者购买的消耗臭氧层物质，属于《中华人民共和国行政处罚法》第 9 条规定的"没收非法财物"。按照本条规定，上述两种没收行为，应当同时实施。违法所得的计算方式，依照《中华人民共和国行政处罚法》第 28 条"违法所得是指实施违法行为所取得的款项"的规定执行。

3. 罚款。生态环境主管部门在没收违法销售或者购买的消耗臭氧层物质和违法所得的同时，还应当对违法主体处以罚款。罚款按该违法主体所销售或者购买的消耗臭氧层物质市场总价的 3 倍计算。

4. 核减消耗臭氧层物质生产、使用配额数量。对已经取得生产、使用配额许可证的单位，还应当报国务院生态环境主管部门核减其生产、使用配额数量。需要说明的有几点：一是核减消耗臭氧层物质生产、使用配额数量仅适用于已经取得生产、使用配额许可证的单位，没有取得配额许可证的，不存在核减的问题。这一措施，也不适用于销售单位。二是核减消耗臭氧层物质生产、使用配额数量，指的是核减该生产、使用单位已经取得，且在配额许可证中规定的消耗臭氧层物质生产或使用数量。由于配额生产、使用许可证由国务院生态环境主管部门核发，因此，核减只能由国务院生态环境主管部门实施。地方生态环境主管部门应当按程序将案件报国务院生态环境主管部门，由国务院生态环境主管部门根据案件实际情况和违法行为的情节轻重，依法予以核减。三是对已经取得生产、使用配额许可证的单位而言，核减生产、使用配额数量，应当与前述没收违法销售或者购买的消耗臭氧层物质和违法所得、罚款的行政处罚同时实施。

第三十四条 消耗臭氧层物质的生产、使用单位未按照规定采取必要的措施防止或者减少消耗臭氧层物质的泄漏和排放的，由所在地生态环境主管部门责令改正，处 5 万元以上 10 万元以下的罚款；拒不改正的，处 10 万元以上 50 万元以下的罚款，报国务院生态环境主管部门核减其生产、使用配额数量。

◆ **释义**

本条是关于未采取必要措施防止或者减少消耗臭氧层物质泄漏和排放的法律责任的规定。

《修改决定》对本条规定作了修改。修改内容主要是提高了罚款的额度，将"由所在地县级以上地方人民政府环境保护主管部门责令限期改正，处 5 万元的罚款；逾期不改正的，处 10 万元的罚款"修改为"由所在地生态环境主管部门责令改正，处 5 万元以上 10 万元以下的罚款；拒不改正的，处 10 万元以上 50 万元以下的罚款"。

一、违法行为

本条规定的法律责任，违法主体限定在消耗臭氧层物质的生产单位或者使用单位，适用于消耗臭氧层物质的生产、使用单位未按照规定采取必要的措施防止或者减少消耗臭氧层物质的泄漏和排放。条例第 19 条规定，消耗臭氧层物质的生产、使用单位，应当按照国务院生态环境主管部门的规定采取必要的措施，防止或者减少消耗臭氧层物质的泄漏和排放。如果消耗臭氧层物质的生产、使用单位违反上述规定，没有按照国务院生态环境主管部门的规定采取必要的措施，防止或者减少消耗臭氧层物质的泄漏和排放，依照本条规定追究法律责任。

二、法律责任

（一）关于追究本条规定法律责任的实施主体

本条规定的法律责任，核减消耗臭氧层物质生产、使用配额数量，由国务院生态环境主管部门实施，其他法律责任的追究由所在地生态环境主管部门实施。

(二) 关于本条规定的法律责任形式

1. 责令改正。即责令违法主体改正其违法行为，比如立即按照国务院生态环境主管部门的规定采取必要的措施，防止或者减少消耗臭氧层物质的泄漏和排放。《中华人民共和国行政处罚法》第 28 条第 1 款规定，行政机关实施行政处罚时，应当责令当事人改正或者限期改正违法行为。本条规定与《中华人民共和国行政处罚法》的规定保持了衔接。

2. 罚款。生态环境主管部门在责令改正的同时，还应当对违法主体处以罚款。罚款分两种情况，一般情况处 5 万元以上 10 万元以下的罚款；如果违法主体无视生态环境主管部门作出的责令改正决定，拒不改正其违法行为的，处 10 万元以上 50 万元以下的罚款。

3. 核减消耗臭氧层物质生产、使用配额数量。对拒不改正违法行为的消耗臭氧层物质生产、使用单位，除了处以 10 万元以上 50 万元以下的罚款外，还应当报国务院生态环境主管部门核减其消耗臭氧层物质生产、使用配额数量。需要说明的有几点：一是核减消耗臭氧层物质生产、使用配额数量，只适用于消耗臭氧层物质生产、使用单位无视生态环境主管部门作出的责令改正决定，拒不改正其违法行为的情形。二是核减消耗臭氧层物质生产、使用配额数量，指的是核减该生产、使用单位已经取得，且在配额许可证中规定的消耗臭氧层物质生产或者使用数量。由于生产、使用配额许可证由国务院生态环境主管部门核发，因此，核减行为也只能由国务院生态环境主管部门实施。地方生态环境主管部门应当按程序将案件报国务院生态环境主管部门，由国务院生态环境主管部门根据案件实际情况和违法行为的情节轻重，依法予以核减。三是核减消耗臭氧层物质生产、使用配额数量应当与罚款同时实施。

第三十五条 从事含消耗臭氧层物质的制冷设备、制冷系统或者灭火系统的维修、报废处理等经营活动的单位，未按照规定对消耗臭氧层物质进行回收、循环利用或者交由从事消耗臭氧层物质回收、再生利用、销毁等经营活动的单位进行无害化处置的，由所在地生态环境主管部门责令改正，处 5 万元以上 20 万元以下的罚款；拒不改正的，责令停产整治或者停业整治。

◆ 释义

本条是关于未按规定对消耗臭氧层物质进行回收、循环利用或者无害化处置的法律责任的规定。

《修改决定》对本条规定作了修改，将"由所在地县级以上地方人民政府环境保护主管部门责令改正，处进行无害化处置所需费用3倍的罚款"修改为"由所在地生态环境主管部门责令改正，处5万元以上20万元以下的罚款；拒不改正的，责令停产整治或者停业整治"。

一、违法行为

本条规定的违法主体，限定在从事含消耗臭氧层物质的制冷设备、制冷系统或者灭火系统的维修、报废处理等经营活动的单位。条例第19条第2款规定，从事含消耗臭氧层物质的制冷设备、制冷系统或者灭火系统的维修、报废处理等经营活动的单位，应当按照国务院生态环境主管部门的规定对消耗臭氧层物质进行回收、循环利用或者交由从事消耗臭氧层物质回收、再生利用、销毁等经营活动的单位进行无害化处置。上述单位未按国务院生态环境主管部门的规定对消耗臭氧层物质进行回收、循环利用或者交由从事消耗臭氧层物质回收、再生利用、销毁等经营活动的单位进行无害化处置的，应当依照本条规定追究法律责任。

二、法律责任

（一）关于追究本条规定法律责任的实施主体

本条规定的法律责任，由所在地生态环境主管部门实施。

（二）关于本条规定的法律责任形式

1. 责令改正。即责令违法主体改正其违法行为，比如立即按照国务院生态环境主管部门的规定采取必要的措施，对消耗臭氧层物质进行回收、循环利用。《中华人民共和国行政处罚法》第28条规定，行政机关实施行政处罚时，应当责令当事人改正或者限期改正违法行为。本条规定与《中华人民共和国行政处罚法》的规定保持了衔接。

2. 罚款。生态环境主管部门在责令改正的同时，还应当对违法主体处以罚款。罚款额度为5万元以上20万元以下。

3. 责令停产整治或者停业整治。违法主体无视生态环境主管部门作出的责令改正决定，拒不改正其违法行为的，由生态环境主管部门责令停产整治或者停业整治。依照《中华人民共和国行政处罚法》和《生态环境行政处罚办法》的规定，责令停产整治或者停业整治，属于行政处罚，应当依照行政处罚的有关要求实施。

第三十六条 从事消耗臭氧层物质回收、再生利用、销毁等经营活动的单位，以及生产过程中附带产生消耗臭氧层物质的单位，未按照规定对消耗臭氧层物质进行无害化处置而直接排放的，由所在地生态环境主管部门责令改正，处10万元以上50万元以下的罚款；拒不改正的，责令停产整治或者停业整治。

◆ **释义**

本条是关于未按规定对消耗臭氧层物质进行无害化处置而直接排放消耗臭氧层物质的法律责任的规定。

一、违法主体

本条规定的违法主体有两类：一是消耗臭氧层物质回收、再生利用、销毁等经营活动的单位。此类单位为专门从事相关经营活动的特定主体，根据条例第17条的规定，应当向所在地省、自治区、直辖市人民政府生态环境主管部门备案。二是生产过程中附带产生消耗臭氧层物质的单位。

二、违法行为

本条规定的违法行为仅有一种，即未按照规定对消耗臭氧层物质进行无害化处置而直接排放。对消耗臭氧层物质的无害化处置可分为转化处置和销毁处置。其中，转化处置是指按照《议定书》认可的原料用途方式，交由备案的氟化工、氯化工单位进行转化处置。销毁处置是指采用销毁技术使消耗臭氧层物质全部或者大部分发生永久转变或者分解。生态环境部印发的《回转窑无害化处置消耗臭氧层物质技术规范》（HJ 1382—2024），以及2021年印发的《关于控制副产三氟甲烷排放的通知》（环办大气函〔2021〕432号），均对消耗臭氧层物质的无害化处置作出了要求。

三、关于本条规定的法律责任形式

1. 责令改正。本条根据《中华人民共和国行政处罚法》关于行政机关实施行政处罚时，应当责令当事人改正或者限期改正违法行为的要求，在设定罚款的同时，规定了责令改正。

2. 罚款。本条规定的罚款额度为 10 万—50 万元，具体可按照自由裁量相关规定，综合考虑违法情节和相关因素，在 10 万元以上 50 万元以下的范围内，确定处罚的数额。

3. 责令停产整治或者停业整治。责令停产停业是《中华人民共和国行政处罚法》规定的行政处罚的种类之一。停产整治即停止生产活动，对违法行为进行整治改正。停业整治为停止经营活动，对违法行为进行整治改正。对重点排放单位在被责令改正并处以罚款后，仍拒不执行的，生态环境主管部门应当责令其停产整治或者停业整治。

四、关于追究本条规定法律责任的实施主体

对本条规定的违法行为的法律责任，由所在地生态环境主管部门实施。

第三十七条 从事消耗臭氧层物质生产、销售、使用、进出口、回收、再生利用、销毁等经营活动的单位，以及从事含消耗臭氧层物质的制冷设备、制冷系统或者灭火系统的维修、报废处理等经营活动的单位有下列行为之一的，由所在地生态环境主管部门责令改正，处 5000 元以上 2 万元以下的罚款：

（一）依照本条例规定应当向生态环境主管部门备案而未备案的；

（二）未按照规定完整保存有关生产经营活动的原始资料的；

（三）未按时申报或者谎报、瞒报有关经营活动的数据资料的；

（四）未按照监督检查人员的要求提供必要的资料的。

◆ 释义

本条是关于涉及消耗臭氧层物质的相关单位，未履行备案、材料保存、申报、配合监督检查等义务的法律责任的规定。

一、违法主体

本条规定的违法主体包括两大类：一是从事消耗臭氧层物质生产、销售、使用、进出口、回收、再生利用、销毁等经营活动的单位。此类主体范围较广，几乎涵盖了消耗臭氧层物质从生产到处置全链条的各类主体。二是从事含消耗臭氧层物质的制冷设备、制冷系统或者灭火系统的维修、报废处理等经营活动的单位。此类主体需要进行制冷剂、灭火剂泄漏排放、充注、回收等操作，涉及购买和使用消耗臭氧层物质及其混合物。

二、违法行为

本条规定的违法行为包含四种，具体对应的主体也有区别。

1. 应当向生态环境主管部门备案而未备案的。该违法行为对应条例第17条规定的四类需要备案的单位：消耗臭氧层物质的销售单位；从事含消耗臭氧层物质的制冷设备、制冷系统或者灭火系统的维修、报废处理等经营活动的单位；从事消耗臭氧层物质回收、再生利用或者销毁等经营活动的单位；国务院生态环境主管部门规定的不需要申请领取使用配额许可证的消耗臭氧层物质的使用单位。上述单位未进行备案的，均构成该违法行为。

2. 未按照规定完整保存有关生产经营活动的原始资料的。该违法行为对应条例第20条规定的两类单位：从事消耗臭氧层物质的生产、销售、使用、回收、再生利用、销毁等经营活动的单位；从事含消耗臭氧层物质的制冷设备、制冷系统或者灭火系统的维修、报废处理等经营活动的单位。上述单位未完整保存有关生产经营活动的原始资料至少3年的，即构成该违法行为。

3. 未按时申报或者谎报、瞒报有关经营活动的数据资料的。该违法行为对应的违法主体与第2种违法行为相同，此类单位未按照国务院生态环境主管部门的规定报送相关数据的，即构成该违法行为。

4. 未按照监督检查人员的要求提供必要资料的。该违法行为对应的主体不特定。根据条例第25条规定，生态环境主管部门和其他有关部门进行监督检查时，有权要求被检查单位提供有关资料，被检查单位应当予以配合，如实反映情况，提供必要资料。被检查单位可能是消耗臭氧层物质的生产、销售、使用和进出口的单位，也可能是需要配合消耗臭氧层物质监管工作的其他单位。只要是被检查单位在接受相关监督检查时，未能按要求提供必要资料，即构成该违法行为。

三、关于本条规定的法律责任形式

本条根据《中华人民共和国行政处罚法》关于行政机关实施行政处罚时，应当责令当事人改正或者限期改正违法行为的要求，在设定罚款的同时，规定了责令改正。

本条规定的罚款额度为 5000 元至 2 万元，具体可按照自由裁量相关规定，综合考虑违法情节和相关因素，在 5000 元以上 2 万元以下的范围内，确定处罚的数额。

四、关于追究本条规定法律责任的实施主体

对本条规定的违法行为的法律责任，由所在地生态环境主管部门实施。

第三十八条 生产、使用消耗臭氧层物质数量较大，以及生产过程中附带产生消耗臭氧层物质数量较大的单位，未按照规定安装自动监测设备并与生态环境主管部门的监控设备联网，或者未保证监测设备正常运行导致监测数据不真实、不准确的，由所在地生态环境主管部门责令改正，处 2 万元以上 20 万元以下的罚款；拒不改正的，责令停产整治或者停业整治。

◆ **释义**

本条是关于未按规定安装、使用自动监测设备的法律责任的规定。

一、违法行为

本条为《修改决定》新增的罚则。本条例第 20 条第 2 款规定，生产、使用消耗臭氧层物质数量较大，以及生产过程中附带产生消耗臭氧层物质数量较大的单位，应当安装自动监测设备，与生态环境主管部门的监控设备联网，并保证监测设备正常运行，确保监测数据的真实性和准确性。具体办法由国务院生态环境主管部门规定。因此，国务院生态环境主管部门将制定出台相关规定，明确"生产、使用消耗臭氧层物质数量较大，以及生产过程中附带产生消耗臭氧层物质数量较大的单位"的具体条件，进而确定需要安装自动监测设备的相关单位名单，名单中的单位即为本条的责任主体。

本条规定的法律责任，违法主体限定在生产、使用消耗臭氧层物质数量较大，以及生产过程中附带产生消耗臭氧层物质数量较大的单位。违法情形有两类，第一类是未按照规定安装自动监测设备并与生态环境主管部门的监控设备联网的行为，第二类是未保证监测设备正常运行导致监测数据不真实、不准确的行为。

二、法律责任

（一）关于追究本条规定法律责任的实施主体

本条规定的法律责任，由所在地生态环境主管部门实施。

（二）关于本条规定的法律责任形式

根据《中华人民共和国大气污染防治法》第100条，未按照规定安装、使用大气污染物排放自动监测设备或者未按照规定与生态环境主管部门的监控设备联网，并保证监测设备正常运行的，由生态环境主管部门责令改正，处2万元以上20万元以下的罚款；拒不改正的，责令停产整治。考虑到"过罚相当原则"，以及履行国际公约的重要性，在与《中华人民共和国大气污染防治法》的处罚标准相衔接的前提下，设置了该条罚则。

1. 责令改正。即责令违法主体改正其违法行为，比如立即按照国务院生态环境主管部门关于自动监测设备安装的技术规范的规定，安装自动监测设备并与生态环境主管部门的监控设备联网；或者保证监测设备正常运行，传输真实、准确的数据。本条规定与《中华人民共和国行政处罚法》第28条的规定保持了衔接，责令改正不属于行政处罚。

2. 罚款。生态环境主管部门在责令改正的同时，还应当对违法主体处2万元以上20万元以下的罚款。

3. 责令停产整治或者停业整治。如果违法主体拒不执行生态环境主管部门作出的改正决定，由生态环境主管部门责令停产整治或者停业整治。即责令停产整治或者停业整治的前提是拒不改正。依照《中华人民共和国行政处罚法》和《生态环境行政处罚办法》的规定，责令停产整治或者停业整治，属于行政处罚，应当依照行政处罚的有关要求实施。

第三十九条 进出口单位无进出口许可证或者超出进出口许可证的规定进出口消耗臭氧层物质的，由海关依照有关法律、行政法规的规定予以处罚；构成犯罪的，依法追究刑事责任。

以欺骗、贿赂等不正当手段取得消耗臭氧层物质进出口配额、进出口审批单、进出口许可证的，由国家消耗臭氧层物质进出口管理机构、国务院商务主管部门依据职责撤销其进出口配额、进出口审批单、进出口许可证，3年内不得再次申请，并由所在地生态环境主管部门处10万元以上50万元以下的罚款。

◆ 释义

本条是对违反进出口许可管理制度进出口消耗臭氧层物质的法律责任的规定。

根据条例第21条、第22条、第23条规定，进出口列入《中国进出口受控消耗臭氧层物质名录》的消耗臭氧层物质的单位，应当依照条例的规定向进出口办申请进出口配额，领取进出口审批单，取得进出口审批单后，按照国务院商务主管部门的规定申请领取进出口许可证，持进出口许可证向海关办理通关手续。

一、关于无进出口许可证或者超出进出口许可证的规定进出口消耗臭氧层物质

（一）违法行为

本条第1款规定的法律责任，违法主体为进出口列入《中国进出口受控消耗臭氧层物质名录》的消耗臭氧层物质的单位。违法情形为两类，一是无进出口许可证进出口消耗臭氧层物质，二是超出进出口许可证的规定进出口消耗臭氧层物质，如超出许可证规定的配额进出口消耗臭氧层物质等。

（二）法律责任

无进出口许可证或者超出进出口许可证的规定进出口消耗臭氧层物质，涉及的法律法规，主要有《中华人民共和国海关法》《中华人民共和国对外贸易法》《中华人民共和国货物进出口管理条例》和《中华人民共和国海关行政处罚实施条例》等。

1. 追究本条第 1 款规定法律责任的实施主体。依据《中华人民共和国海关行政处罚实施条例》第 3 条，一般由发现违法行为的海关实施，也可以由违法行为发生地海关实施。

2. 关于本条第 1 款规定的法律责任形式。一是行政处罚：罚款、没收违法所得。主要涉及《中华人民共和国海关行政处罚实施条例》第 7 条、第 8 条、第 9 条等。二是刑事处罚：走私罪。主要涉及《中华人民共和国刑法》第 155 条等。

二、关于以欺骗、贿赂等不正当手段取得消耗臭氧层物质进出口配额、进出口审批单、进出口许可证

《中华人民共和国行政许可法》第 69 条第 2 款规定，被许可人以欺骗、贿赂等不正当手段取得行政许可的，应当予以撤销。第 79 条规定，被许可人以欺骗、贿赂等不正当手段取得行政许可的，行政机关应当依法给予行政处罚；取得的行政许可属于直接关系公共安全、人身健康、生命财产安全事项的，申请人在三年内不得再次申请该行政许可；构成犯罪的，依法追究刑事责任。

同时，《排污许可管理条例》第 40 条规定，排污单位以欺骗、贿赂等不正当手段申请取得排污许可证的，由审批部门依法撤销其排污许可证，处 20 万元以上 50 万元以下的罚款，3 年内不得再次申请排污许可证。

因此，根据《中华人民共和国行政处罚法》的规定，并参照《排污许可管理条例》的规定，《修改决定》增加了以欺骗、贿赂取得消耗臭氧层物质进出口配额等行为的法律责任。

（一）违法行为

本条第 2 款规定的法律责任，违法主体为以欺骗、贿赂等不正当手段取得消耗臭氧层物质进出口配额、进出口审批单、进出口许可证的单位，依据条例第 21 条、第 22 条、第 23 条规定，实施该违法行为的主体主要涉及：进出口列入《中国进出口受控消耗臭氧层物质名录》的消耗臭氧层物质的单位。

（二）法律责任

1. 追究本条第 2 款规定法律责任的实施主体

本条第 2 款的处罚主体，分别为国家消耗臭氧层物质进出口管理机构、国务院商务主管部门、所在地生态环境主管部门。

2. 关于本条第 2 款规定的法律责任形式

（1）撤销许可证件。消耗臭氧层物质进出口配额、进出口审批单由国家消耗臭氧层物质进出口管理机构撤销。根据《消耗臭氧层物质进出口管理办法》，国务院生态环境主管部门、国务院商务主管部门和海关总署联合设立国家消耗臭氧层物质进出口管理机构。消耗臭氧层物质进出口许可证由国务院商务主管部门撤销。

由于消耗臭氧层物质进出口配额、进出口审批单是取得消耗臭氧层物质进出口许可证的前提条件，如果以欺骗、贿赂等不正当手段取得消耗臭氧层物质进出口配额、进出口审批单，原则上进出口许可证也应当予以撤销。

（2）3 年内不得再次申请相关行政许可。涉及消耗臭氧层物质进出口配额、进出口审批单的，由国家消耗臭氧层物质进出口管理机构实施；涉及消耗臭氧层物质进出口许可证的，由国务院商务主管部门实施。

（3）罚款，由所在地生态环境主管部门处 10 万元以上 50 万元以下的罚款。

第四十条 拒绝、阻碍生态环境主管部门或者其他有关部门的监督检查，或者在接受监督检查时弄虚作假的，由监督检查部门责令改正，处 2 万元以上 20 万元以下的罚款；构成违反治安管理行为的，由公安机关依法给予治安管理处罚；构成犯罪的，依法追究刑事责任。

◆ **释义**

本条主要是关于拒绝、阻碍监督检查，或者在接受监督检查时弄虚作假的法律责任的规定。

配合生态环境主管部门检查是企业重要的环保义务，无论是否存在生态环境危害后果，拒不配合检查本身即构成违法行为，依法可对违法单位和相关人员进行处罚。

《中华人民共和国环境保护法》第 24 条规定，县级以上人民政府环境保护主管部门及其委托的环境监察机构和其他负有环境保护监督管理职责的部门，有权对排放污染物的企业事业单位和其他生产经营者进行现场检查。被检查者应当如实反映情况，提供必要的资料。

《中华人民共和国大气污染防治法》第 29 条规定，生态环境主管部门及其环境执法机构和其他负有大气环境保护监督管理职责的部门，有权通过现场检查监测、自动监测、遥感监测、远红外摄像等方式，对排放大气污染物的企业事业单位和其他生产经营者进行监督检查。被检查者应当如实反映情况，提供必要的资料。第 98 条规定："违反本法规定，以拒绝进入现场等方式拒不接受生态环境主管部门及其环境执法机构或者其他负有大气环境保护监督管理职责的部门的监督检查，或者在接受监督检查时弄虚作假的，由县级以上人民政府生态环境主管部门或者其他负有大气环境保护监督管理职责的部门责令改正，处二万元以上二十万元以下的罚款；构成违反治安管理行为的，由公安机关依法予以处罚。"

《中华人民共和国土壤污染防治法》和《中华人民共和国固体废物污染环境防治法》又进一步规定了双罚制，即拒绝接受监督检查或者在检查中弄虚作假的，除了对违法单位处 5 万元以上 20 万元以下的罚款，还将对违法单位直接负责的主管人员和其他直接责任人员处 2 万元以上 10 万元以下的罚款。

本条规定的违法主体是拒不接受监督检查或者在接受监督检查时弄虚作假的单位或者个人。

为加强对消耗臭氧层物质的管理，更好履行国际公约义务，条例对消耗臭氧层物质构建了全生命周期的管理制度，涉及消耗臭氧层物质生产、销售、使用、进出口、维修、回收、再生利用、销毁等全产业链条，《修改决定》在原条例已确立的总量控制、淘汰替代、进出口配额等制度基础上，进一步完善了配额许可和使用备案管理制度，新增副产品管理要求和安装自动监测设备要求，管理科学性和精细化要求更高，对相关单位的义务规定得更为全面，更加需要相关单位的配合。

二、法律责任

本条规定的实施主体是生态环境主管部门或者其他有关部门，主要包括生态环境主管部门、市场监管、海关、商务等多个部门。对违反本条规定的，监督检查部门责令改正，处2万元以上20万元以下的罚款；构成违反治安管理行为的，由公安机关依法给予警告、罚款、拘留等治安管理处罚；构成犯罪的，依法追究刑事责任。

第四十一条 因违反本条例规定受到行政处罚的，按照国家有关规定记入信用记录，并向社会公布。

◆ **释义**

本条是关于将受到行政处罚的记入信用记录的规定。

近年来，党中央、国务院发布了一系列重要文件，加快推进社会信用体系建设，建立完善守信联合激励和失信联合惩戒制度，构建以信用为基础的新型监管机制推进社会信用体系，促进形成新发展格局。比如，2022年《中共中央办公厅、国务院办公厅关于推进社会信用体系建设高质量发展促进形成新发展格局的意见》中明确规定："完善生态环保信用制度。全面实施环保、水土保持等领域信用评价，强化信用评价结果共享运用。"

近年来生态环境领域立法不断完善以信用为基础的新型监管机制。比如，《中华人民共和国环境保护法》规定对环境违法行为记入社会诚信档案，《排污许可管理条例》规定对排污许可第三方中介机构实施信用管理并明确了失信惩戒措施。

信用记录的主体主要涉及生态环境主管部门、商务部门、海关和市场监管部门等。生态环境主管部门、商务部门、海关依法给予罚款、责令停产整治或者停业整治、没收违法所得、吊销许可证等行政处罚；同时，通过信息共享和部门联动，由市场监管部门和发展改革部门将相关行政处罚信息纳入国家企业信用信息公示系统和全国信用信息共享平台中，向社会公开，以激励守信，惩戒失信，压缩相关违法企业生存空间。

第六章 附 则

第四十二条 本条例自 2010 年 6 月 1 日起施行。

◆ 释义

本条是关于条例施行时间的规定。

施行时间对于行政法规的适用具有重要意义。对此，可以从如下几个方面进行理解：

一、条例的生效时间

行政法规的施行时间，也是行政法规的生效时间，是指行政法规从何时开始发生效力。《行政法规制定程序条例》第 29 条规定，行政法规应当自公布之日起 30 日后施行；但是，涉及国家安全、外汇汇率、货币政策的确定以及公布后不立即施行将有碍行政法规施行的，可以自公布之日起施行。因此，行政法规的公布和施行是不同的概念。一般情况下，行政法规应当自公布之日起 30 日后施行。例如，条例公布的时间为 2010 年 4 月 8 日，施行的时间是 2010 年 6 月 1 日，符合《行政法规制定程序条例》的规定。当然，对于涉及国家安全、外汇汇率、货币政策的确定以及公布后不立即实施将会有碍行政法规施行的，则公布之日即为施行之日。需要说明的是，《修改决定》公布的时间为 2023 年 12 月 29 日，施行的时间是 2024 年 3 月 1 日，根据有关立法技术规范，采用修改决定形式对行政法规进行修改的，公布新的行政法规文本，不会重新规定行政法规的施行日期；采用修订形式对行政法规进行修改，公布新的行政法规文本，需要重新规定行政法规的施行日期。因此，尽管《修改决定》施行的时间是 2024 年 3 月 1 日，但条例的施行日期并未发生改变，仍然是 2010 年 6 月 1 日。

二、条例的溯及力

溯及力是指一部行政法规生效后，其生效之前出现的行为或者事件，是否可以适用于该行政法规；如果可以适用，则说明该行政法规具有溯及力，如果不适用，则说明该行政法规不具有溯及力。《中华人民共和国立法法》第 104 条规定，法律、行政法规、地方性法规、自治条例和单行条例、规章不溯及既往，但为了更好地保护公民、法人和其他组织的权利和利益而作的特别规定除外。据此，我国行政法规以"不溯及既往"为原则，以溯及既往为例外。因此，行政法规一般情况下对生效前的行为或者事件不具有溯及力，但如果为了更好地保护公民、法人和其他组织的权利和利益，则可以作出溯及既往的特别规定。目前，在我国的立法实践中，无论是法律还是行政法规，多数不具有溯及力，但也有极少数例外情况。条例没有对溯及力问题作出特别规定，不具有溯及既往的效力，即不适用生效之前出现的行为或者事件。

三、条例生效后的效果

条例一旦开始施行，即发生效力，凡属于条例调整范围内的关系，均应按照条例的有关规定执行。依法严惩重罚是有效打击违法行为的重要手段。《修改决定》根据党中央、国务院关于用重典治理环境违法行为的部署，对这次修改中补充的管理措施相应明确了违反规定的法律责任，加大对违法行为的处罚力度，完善处罚种类，对因违反条例规定受到行政处罚的，记入信用记录并向社会公布。此外，条例生效后，有关机关制定部门规章、地方性法规、地方政府规章时必须符合条例的规定。《中华人民共和国立法法》第 103 条规定，同一机关制定的法律、行政法规、地方性法规、自治条例和单行条例、规章，特别规定与一般规定不一致的，适用特别规定；新的规定与旧的规定不一致的，适用新的规定。据此，条例与其他行政法规之间存在"特别规定与一般规定不一致"的问题时，适用特别规定，条例与其他行政法规之间存在"新的规定与旧的规定不一致"的问题时，适用新的规定。

附 录

中华人民共和国国务院令

第 770 号

《国务院关于修改〈消耗臭氧层物质管理条例〉的决定》已经 2023 年 12 月 18 日国务院第 21 次常务会议通过，现予公布，自 2024 年 3 月 1 日起施行。

总理　李强

2023 年 12 月 29 日

国务院关于修改
《消耗臭氧层物质管理条例》的决定

国务院决定对《消耗臭氧层物质管理条例》作如下修改：

一、将第二条修改为："本条例所称消耗臭氧层物质，是指列入《中国受控消耗臭氧层物质清单》的化学品。

"《中国受控消耗臭氧层物质清单》由国务院生态环境主管部门会同国务院有关部门制定、调整和公布。"

二、将第四条修改为："消耗臭氧层物质的管理工作应当坚持中国共产党的领导，贯彻党和国家路线方针政策和决策部署。

"国务院生态环境主管部门统一负责全国消耗臭氧层物质的监督管理工作。

"国务院商务主管部门、海关总署等有关部门依照本条例的规定和各自的职责负责消耗臭氧层物质的有关监督管理工作。

"地方人民政府生态环境主管部门和商务等有关部门依照本条例的规定和各自的职责负责本行政区域消耗臭氧层物质的有关监督管理工作。"

三、第五条增加一款，作为第二款："禁止将国家已经淘汰的消耗臭氧层物质用于前款规定的用途。"

原第二款改为第三款，修改为："国务院生态环境主管部门会同国务院有关部门拟订《中国履行〈关于消耗臭氧层物质的蒙特利尔议定书〉国家方案》（以下简称国家方案），报国务院批准后实施。"

四、将第十七条、第十九条合并，作为第十七条，修改为："下列单位应当按照国务院生态环境主管部门的规定办理备案手续：

"（一）消耗臭氧层物质的销售单位；

"（二）从事含消耗臭氧层物质的制冷设备、制冷系统或者灭火系统的维修、报废处理等经营活动的单位；

"（三）从事消耗臭氧层物质回收、再生利用或者销毁等经营活动的单位；

"（四）国务院生态环境主管部门规定的不需要申请领取使用配额许可证的消耗臭氧层物质的使用单位。

"前款第（一）项、第（二）项、第（四）项规定的单位向所在地设区的市级人民政府生态环境主管部门备案，第（三）项规定的单位向所在地省、自治区、直辖市人民政府生态环境主管部门备案。"

五、将第二十条改为第十九条，第一款、第二款中的"国务院环境保护主管部门"修改为"国务院生态环境主管部门"，第三款修改为："从事消耗臭氧层物质回收、再生利用、销毁等经营活动的单位，以及生产过程中附带产生消耗臭氧层物质的单位，应当按照国务院生态环境主管部门的规定对消耗臭氧层物质进行无害化处置，不得直接排放。"

六、将第二十一条改为第二十条，其中的"国务院环境保护主管部门"修改为"国务院生态环境主管部门"。

增加一款，作为第二款："生产、使用消耗臭氧层物质数量较大，以及生产过程中附带产生消耗臭氧层物质数量较大的单位，应当安装自动监测设备，与生态环境主管部门的监控设备联网，并保证监测设备正常运行，确保监测数据的真实性和准确性。具体办法由国务院生态环境主管部门规定。"

七、将第三十一条改为第三十条，修改为："无生产配额许可证生产消耗臭氧层物质的，由所在地生态环境主管部门责令停止违法行为，没收用于违法生产消耗臭氧层物质的原料、违法生产的消耗臭氧层物质和违法所得，拆除、销毁用于违法生产消耗臭氧层物质的设备、设施，并处100万元以上500万元以下的罚款。"

八、将第三十二条改为第三十一条，修改为："依照本条例规定应当申请领取使用配额许可证的单位无使用配额许可证使用消耗臭氧层物质，或者违反本条例规定将已淘汰的消耗臭氧层物质用于制冷剂、发泡剂、灭火剂、溶剂、清洗剂、加工助剂、杀虫剂、气雾剂、膨胀剂等用途的，由所在地生态环境主管部门责令停止违法行为，没收违法使用的消耗臭氧层物质、违法使用消耗臭氧层物质生产的产品和违法所得，并处20万元以上50

万元以下的罚款；情节严重的，并处 50 万元以上 100 万元以下的罚款，拆除、销毁用于违法使用消耗臭氧层物质的设备、设施。"

九、将第三十三条改为第三十二条，修改为："消耗臭氧层物质的生产、使用单位有下列行为之一的，由所在地省、自治区、直辖市人民政府生态环境主管部门责令停止违法行为，没收违法生产、使用的消耗臭氧层物质、违法使用消耗臭氧层物质生产的产品和违法所得，并处 10 万元以上 50 万元以下的罚款，报国务院生态环境主管部门核减其生产、使用配额数量；情节严重的，并处 50 万元以上 100 万元以下的罚款，报国务院生态环境主管部门吊销其生产、使用配额许可证：

"（一）超出生产配额许可证规定的品种、数量、期限生产消耗臭氧层物质的；

"（二）超出生产配额许可证规定的用途生产或者销售消耗臭氧层物质的；

"（三）超出使用配额许可证规定的品种、数量、用途、期限使用消耗臭氧层物质的。"

十、将第三十五条改为第三十四条，修改为："消耗臭氧层物质的生产、使用单位未按照规定采取必要的措施防止或者减少消耗臭氧层物质的泄漏和排放的，由所在地生态环境主管部门责令改正，处 5 万元以上 10 万元以下的罚款；拒不改正的，处 10 万元以上 50 万元以下的罚款，报国务院生态环境主管部门核减其生产、使用配额数量。"

十一、将第三十六条改为第三十五条，修改为："从事含消耗臭氧层物质的制冷设备、制冷系统或者灭火系统的维修、报废处理等经营活动的单位，未按照规定对消耗臭氧层物质进行回收、循环利用或者交由从事消耗臭氧层物质回收、再生利用、销毁等经营活动的单位进行无害化处置的，由所在地生态环境主管部门责令改正，处 5 万元以上 20 万元以下的罚款；拒不改正的，责令停产整治或者停业整治。"

十二、将第三十七条改为第三十六条，修改为："从事消耗臭氧层物质回收、再生利用、销毁等经营活动的单位，以及生产过程中附带产生消耗臭氧层物质的单位，未按照规定对消耗臭氧层物质进行无害化处置而直接排放的，由所在地生态环境主管部门责令改正，处 10 万元以上 50 万元以下的罚款；拒不改正的，责令停产整治或者停业整治。"

十三、增加一条，作为第三十八条："生产、使用消耗臭氧层物质数量较大，以及生产过程中附带产生消耗臭氧层物质数量较大的单位，未按照规定安装自动监测设备并与生态环境主管部门的监控设备联网，或者未保证监测设备正常运行导致监测数据不真实、不准确的，由所在地生态环境主管部门责令改正，处2万元以上20万元以下的罚款；拒不改正的，责令停产整治或者停业整治。"

十四、将第四十条改为第三十九条，增加一款，作为第二款："以欺骗、贿赂等不正当手段取得消耗臭氧层物质进出口配额、进出口审批单、进出口许可证的，由国家消耗臭氧层物质进出口管理机构、国务院商务主管部门依据职责撤销其进出口配额、进出口审批单、进出口许可证，3年内不得再次申请，并由所在地生态环境主管部门处10万元以上50万元以下的罚款。"

十五、将第三十九条改为第四十条，修改为："拒绝、阻碍生态环境主管部门或者其他有关部门的监督检查，或者在接受监督检查时弄虚作假的，由监督检查部门责令改正，处2万元以上20万元以下的罚款；构成违反治安管理行为的，由公安机关依法给予治安管理处罚；构成犯罪的，依法追究刑事责任。"

十六、增加一条，作为第四十一条："因违反本条例规定受到行政处罚的，按照国家有关规定记入信用记录，并向社会公布。"

十七、对部分条文作以下修改：

（一）将第六条、第七条、第十二条、第十四条、第二十二条中的"环境保护主管部门"，第九条、第二十五条、第二十六条、第二十七条中的"县级以上人民政府环境保护主管部门"，统一修改为"生态环境主管部门"；第二十八条中的"国务院环境保护主管部门"修改为"国务院生态环境主管部门"，"县级以上地方人民政府环境保护主管部门"修改为"地方人民政府生态环境主管部门"；第二十九条中的"县级以上地方人民政府环境保护主管部门"修改为"地方人民政府生态环境主管部门"；第三十四条中的"所在地县级以上地方人民政府环境保护主管部门"修改为"所在地生态环境主管部门"，"国务院环境保护主管部门"修改为"国务院生态环境主管部门";第三十八条中的"所在地县级以上地方人民政府环境保护主管部门"修改为"所在地生态环境主管部门",第(一)项中的"环境保护主管部门"修改为"生态环境主管部门"。

（二）将第八条中的"国务院环境保护主管部门"修改为"国务院生态环境主管部门","国家对在消耗臭氧层物质淘汰工作中做出突出成绩的单位和个人给予奖励"修改为"对在消耗臭氧层物质淘汰工作中做出突出成绩的单位和个人，按照国家有关规定给予奖励";第十条中的"出入境检验检疫机构"修改为"海关","国务院环境保护主管部门"修改为"国务院生态环境主管部门";第二十四条中的"《出入境检验检疫机构实施检验检疫的进出境商品目录》"修改为"必须实施检验的进出口商品目录","出入境检验检疫机构"修改为"海关"。

此外，对条文顺序作相应调整。

本决定自 2024 年 3 月 1 日起施行。

《消耗臭氧层物质管理条例》根据本决定作相应修改，重新公布。

消耗臭氧层物质管理条例

(2010年4月8日中华人民共和国国务院令第573号公布　根据2018年3月19日《国务院关于修改和废止部分行政法规的决定》第一次修订　根据2023年12月29日《国务院关于修改〈消耗臭氧层物质管理条例〉的决定》第二次修订)

第一章　总　　则

第一条　为了加强对消耗臭氧层物质的管理，履行《保护臭氧层维也纳公约》和《关于消耗臭氧层物质的蒙特利尔议定书》规定的义务，保护臭氧层和生态环境，保障人体健康，根据《中华人民共和国大气污染防治法》，制定本条例。

第二条　本条例所称消耗臭氧层物质，是指列入《中国受控消耗臭氧层物质清单》的化学品。

《中国受控消耗臭氧层物质清单》由国务院生态环境主管部门会同国务院有关部门制定、调整和公布。

第三条　在中华人民共和国境内从事消耗臭氧层物质的生产、销售、使用和进出口等活动，适用本条例。

前款所称生产，是指制造消耗臭氧层物质的活动。前款所称使用，是指利用消耗臭氧层物质进行的生产经营等活动，不包括使用含消耗臭氧层物质的产品的活动。

第四条　消耗臭氧层物质的管理工作应当坚持中国共产党的领导，贯彻党和国家路线方针政策和决策部署。

国务院生态环境主管部门统一负责全国消耗臭氧层物质的监督管理工作。

国务院商务主管部门、海关总署等有关部门依照本条例的规定和各自的职责负责消耗臭氧层物质的有关监督管理工作。

地方人民政府生态环境主管部门和商务等有关部门依照本条例的规定和各自的职责负责本行政区域消耗臭氧层物质的有关监督管理工作。

第五条 国家逐步削减并最终淘汰作为制冷剂、发泡剂、灭火剂、溶剂、清洗剂、加工助剂、杀虫剂、气雾剂、膨胀剂等用途的消耗臭氧层物质。

禁止将国家已经淘汰的消耗臭氧层物质用于前款规定的用途。

国务院生态环境主管部门会同国务院有关部门拟订《中国履行〈关于消耗臭氧层物质的蒙特利尔议定书〉国家方案》（以下简称国家方案），报国务院批准后实施。

第六条 国务院生态环境主管部门根据国家方案和消耗臭氧层物质淘汰进展情况，会同国务院有关部门确定并公布限制或者禁止新建、改建、扩建生产、使用消耗臭氧层物质建设项目的类别，制定并公布限制或者禁止生产、使用、进出口消耗臭氧层物质的名录。

因特殊用途确需生产、使用前款规定禁止生产、使用的消耗臭氧层物质的，按照《关于消耗臭氧层物质的蒙特利尔议定书》有关允许用于特殊用途的规定，由国务院生态环境主管部门会同国务院有关部门批准。

第七条 国家对消耗臭氧层物质的生产、使用、进出口实行总量控制和配额管理。国务院生态环境主管部门根据国家方案和消耗臭氧层物质淘汰进展情况，商国务院有关部门确定国家消耗臭氧层物质的年度生产、使用和进出口配额总量，并予以公告。

第八条 国家鼓励、支持消耗臭氧层物质替代品和替代技术的科学研究、技术开发和推广应用。

国务院生态环境主管部门会同国务院有关部门制定、调整和公布《中国消耗臭氧层物质替代品推荐名录》。

开发、生产、使用消耗臭氧层物质替代品，应当符合国家产业政策，并按照国家有关规定享受优惠政策。对在消耗臭氧层物质淘汰工作中做出突出成绩的单位和个人，按照国家有关规定给予奖励。

第九条 任何单位和个人对违反本条例规定的行为，有权向生态环境主管部门或者其他有关部门举报。接到举报的部门应当及时调查处理，并为举报人保密；经调查情况属实的，对举报人给予奖励。

第二章　生产、销售和使用

第十条　消耗臭氧层物质的生产、使用单位，应当依照本条例的规定申请领取生产或者使用配额许可证。但是，使用单位有下列情形之一的，不需要申请领取使用配额许可证：

（一）维修单位为了维修制冷设备、制冷系统或者灭火系统使用消耗臭氧层物质的；

（二）实验室为了实验分析少量使用消耗臭氧层物质的；

（三）海关为了防止有害生物传入传出使用消耗臭氧层物质实施检疫的；

（四）国务院生态环境主管部门规定的不需要申请领取使用配额许可证的其他情形。

第十一条　消耗臭氧层物质的生产、使用单位除具备法律、行政法规规定的条件外，还应当具备下列条件：

（一）有合法生产或者使用相应消耗臭氧层物质的业绩；

（二）有生产或者使用相应消耗臭氧层物质的场所、设施、设备和专业技术人员；

（三）有经验收合格的环境保护设施；

（四）有健全完善的生产经营管理制度。

将消耗臭氧层物质用于本条例第六条规定的特殊用途的单位，不适用前款第（一）项的规定。

第十二条　消耗臭氧层物质的生产、使用单位应当于每年10月31日前向国务院生态环境主管部门书面申请下一年度的生产配额或者使用配额，并提交其符合本条例第十一条规定条件的证明材料。

国务院生态环境主管部门根据国家消耗臭氧层物质的年度生产、使用配额总量和申请单位生产、使用相应消耗臭氧层物质的业绩情况，核定申请单位下一年度的生产配额或者使用配额，并于每年12月20日前完成审查，符合条件的，核发下一年度的生产或者使用配额许可证，予以公告，并抄送国务院有关部门和申请单位所在地省、自治区、直辖市人民政府生态环境主管部门；不符合条件的，书面通知申请单位并说明理由。

第十三条 消耗臭氧层物质的生产或者使用配额许可证应当载明下列内容：

（一）生产或者使用单位的名称、地址、法定代表人或者负责人；

（二）准予生产或者使用的消耗臭氧层物质的品种、用途及其数量；

（三）有效期限；

（四）发证机关、发证日期和证书编号。

第十四条 消耗臭氧层物质的生产、使用单位需要调整其配额的，应当向国务院生态环境主管部门申请办理配额变更手续。

国务院生态环境主管部门应当依照本条例第十一条、第十二条规定的条件和依据进行审查，并在受理申请之日起20个工作日内完成审查，符合条件的，对申请单位的配额进行调整，并予以公告；不符合条件的，书面通知申请单位并说明理由。

第十五条 消耗臭氧层物质的生产单位不得超出生产配额许可证规定的品种、数量、期限生产消耗臭氧层物质，不得超出生产配额许可证规定的用途生产、销售消耗臭氧层物质。

禁止无生产配额许可证生产消耗臭氧层物质。

第十六条 依照本条例规定领取使用配额许可证的单位，不得超出使用配额许可证规定的品种、用途、数量、期限使用消耗臭氧层物质。

除本条例第十条规定的不需要申请领取使用配额许可证的情形外，禁止无使用配额许可证使用消耗臭氧层物质。

第十七条 下列单位应当按照国务院生态环境主管部门的规定办理备案手续：

（一）消耗臭氧层物质的销售单位；

（二）从事含消耗臭氧层物质的制冷设备、制冷系统或者灭火系统的维修、报废处理等经营活动的单位；

（三）从事消耗臭氧层物质回收、再生利用或者销毁等经营活动的单位；

（四）国务院生态环境主管部门规定的不需要申请领取使用配额许可证的消耗臭氧层物质的使用单位。

前款第（一）项、第（二）项、第（四）项规定的单位向所在地设区的市级人民政府生态环境主管部门备案，第（三）项规定的单位向所在地省、自治区、直辖市人民政府生态环境主管部门备案。

第十八条 除依照本条例规定进出口外，消耗臭氧层物质的购买和销售行为只能在符合本条例规定的消耗臭氧层物质的生产、销售和使用单位之间进行。

第十九条 消耗臭氧层物质的生产、使用单位，应当按照国务院生态环境主管部门的规定采取必要的措施，防止或者减少消耗臭氧层物质的泄漏和排放。

从事含消耗臭氧层物质的制冷设备、制冷系统或者灭火系统的维修、报废处理等经营活动的单位，应当按照国务院生态环境主管部门的规定对消耗臭氧层物质进行回收、循环利用或者交由从事消耗臭氧层物质回收、再生利用、销毁等经营活动的单位进行无害化处置。

从事消耗臭氧层物质回收、再生利用、销毁等经营活动的单位，以及生产过程中附带产生消耗臭氧层物质的单位，应当按照国务院生态环境主管部门的规定对消耗臭氧层物质进行无害化处置，不得直接排放。

第二十条 从事消耗臭氧层物质的生产、销售、使用、回收、再生利用、销毁等经营活动的单位，以及从事含消耗臭氧层物质的制冷设备、制冷系统或者灭火系统的维修、报废处理等经营活动的单位，应当完整保存有关生产经营活动的原始资料至少3年，并按照国务院生态环境主管部门的规定报送相关数据。

生产、使用消耗臭氧层物质数量较大，以及生产过程中附带产生消耗臭氧层物质数量较大的单位，应当安装自动监测设备，与生态环境主管部门的监控设备联网，并保证监测设备正常运行，确保监测数据的真实性和准确性。具体办法由国务院生态环境主管部门规定。

第三章 进 出 口

第二十一条 国家对进出口消耗臭氧层物质予以控制，并实行名录管理。国务院生态环境主管部门会同国务院商务主管部门、海关总署制定、调整和公布《中国进出口受控消耗臭氧层物质名录》。

进出口列入《中国进出口受控消耗臭氧层物质名录》的消耗臭氧层物质的单位，应当依照本条例的规定向国家消耗臭氧层物质进出口管理机构申请进出口配额，领取进出口审批单，并提交拟进出口的消耗臭氧层物质的品种、数量、来源、用途等情况的材料。

第二十二条　国家消耗臭氧层物质进出口管理机构应当自受理申请之日起20个工作日内完成审查，作出是否批准的决定。予以批准的，向申请单位核发进出口审批单；未予批准的，书面通知申请单位并说明理由。

进出口审批单的有效期最长为90日，不得超期或者跨年度使用。

第二十三条　取得消耗臭氧层物质进出口审批单的单位，应当按照国务院商务主管部门的规定申请领取进出口许可证，持进出口许可证向海关办理通关手续。列入必须实施检验的进出口商品目录的消耗臭氧层物质，由海关依法实施检验。

消耗臭氧层物质在中华人民共和国境内的海关特殊监管区域、保税监管场所与境外之间进出的，进出口单位应当依照本条例的规定申请领取进出口审批单、进出口许可证；消耗臭氧层物质在中华人民共和国境内的海关特殊监管区域、保税监管场所与境内其他区域之间进出的，或者在上述海关特殊监管区域、保税监管场所之间进出的，不需要申请领取进出口审批单、进出口许可证。

第四章　监督检查

第二十四条　生态环境主管部门和其他有关部门，依照本条例的规定和各自的职责对消耗臭氧层物质的生产、销售、使用和进出口等活动进行监督检查。

第二十五条　生态环境主管部门和其他有关部门进行监督检查，有权采取下列措施：

（一）要求被检查单位提供有关资料；

（二）要求被检查单位就执行本条例规定的有关情况作出说明；

（三）进入被检查单位的生产、经营、储存场所进行调查和取证；

（四）责令被检查单位停止违反本条例规定的行为，履行法定义务；

（五）扣押、查封违法生产、销售、使用、进出口的消耗臭氧层物质及其生产设备、设施、原料及产品。

被检查单位应当予以配合，如实反映情况，提供必要资料，不得拒绝和阻碍。

第二十六条 生态环境主管部门和其他有关部门进行监督检查，监督检查人员不得少于2人，并应当出示有效的行政执法证件。

生态环境主管部门和其他有关部门的工作人员，对监督检查中知悉的商业秘密负有保密义务。

第二十七条 国务院生态环境主管部门应当建立健全消耗臭氧层物质的数据信息管理系统，收集、汇总和发布消耗臭氧层物质的生产、使用、进出口等数据信息。

地方人民政府生态环境主管部门应当将监督检查中发现的违反本条例规定的行为及处理情况逐级上报至国务院生态环境主管部门。

县级以上地方人民政府其他有关部门应当将监督检查中发现的违反本条例规定的行为及处理情况逐级上报至国务院有关部门，国务院有关部门应当及时抄送国务院生态环境主管部门。

第二十八条 地方人民政府生态环境主管部门或者其他有关部门对违反本条例规定的行为不查处的，其上级主管部门有权责令其依法查处或者直接进行查处。

第五章 法律责任

第二十九条 负有消耗臭氧层物质监督管理职责的部门及其工作人员有下列行为之一的，对直接负责的主管人员和其他直接责任人员，依法给予处分；直接负责的主管人员和其他直接责任人员构成犯罪的，依法追究刑事责任：

（一）违反本条例规定核发消耗臭氧层物质生产、使用配额许可证的；

（二）违反本条例规定核发消耗臭氧层物质进出口审批单或者进出口许可证的；

（三）对发现的违反本条例的行为不依法查处的；

（四）在办理消耗臭氧层物质生产、使用、进出口等行政许可以及实施监督检查的过程中，索取、收受他人财物或者谋取其他利益的；

（五）有其他徇私舞弊、滥用职权、玩忽职守行为的。

第三十条 无生产配额许可证生产消耗臭氧层物质的，由所在地生态环境主管部门责令停止违法行为，没收用于违法生产消耗臭氧层物质的原料、违法生产的消耗臭氧层物质和违法所得，拆除、销毁用于违法生产消耗臭氧层物质的设备、设施，并处100万元以上500万元以下的罚款。

第三十一条 依照本条例规定应当申请领取使用配额许可证的单位无使用配额许可证使用消耗臭氧层物质，或者违反本条例规定将已淘汰的消耗臭氧层物质用于制冷剂、发泡剂、灭火剂、溶剂、清洗剂、加工助剂、杀虫剂、气雾剂、膨胀剂等用途的，由所在地生态环境主管部门责令停止违法行为，没收违法使用的消耗臭氧层物质、违法使用消耗臭氧层物质生产的产品和违法所得，并处20万元以上50万元以下的罚款；情节严重的，并处50万元以上100万元以下的罚款，拆除、销毁用于违法使用消耗臭氧层物质的设备、设施。

第三十二条 消耗臭氧层物质的生产、使用单位有下列行为之一的，由所在地省、自治区、直辖市人民政府生态环境主管部门责令停止违法行为，没收违法生产、使用的消耗臭氧层物质、违法使用消耗臭氧层物质生产的产品和违法所得，并处10万元以上50万元以下的罚款，报国务院生态环境主管部门核减其生产、使用配额数量；情节严重的，并处50万元以上100万元以下的罚款，报国务院生态环境主管部门吊销其生产、使用配额许可证：

（一）超出生产配额许可证规定的品种、数量、期限生产消耗臭氧层物质的；

（二）超出生产配额许可证规定的用途生产或者销售消耗臭氧层物质的；

（三）超出使用配额许可证规定的品种、数量、用途、期限使用消耗臭氧层物质的。

第三十三条 消耗臭氧层物质的生产、销售、使用单位向不符合本条例规定的单位销售或者购买消耗臭氧层物质的，由所在地生态环境主管部门责令改正，没收违法销售或者购买的消耗臭氧层物质和违法所得，处以所销售或者购买的消耗臭氧层物质市场总价 3 倍的罚款；对取得生产、使用配额许可证的单位，报国务院生态环境主管部门核减其生产、使用配额数量。

第三十四条　消耗臭氧层物质的生产、使用单位未按照规定采取必要的措施防止或者减少消耗臭氧层物质的泄漏和排放的，由所在地生态环境主管部门责令改正，处 5 万元以上 10 万元以下的罚款；拒不改正的，处 10 万元以上 50 万元以下的罚款，报国务院生态环境主管部门核减其生产、使用配额数量。

第三十五条　从事含消耗臭氧层物质的制冷设备、制冷系统或者灭火系统的维修、报废处理等经营活动的单位，未按照规定对消耗臭氧层物质进行回收、循环利用或者交由从事消耗臭氧层物质回收、再生利用、销毁等经营活动的单位进行无害化处置的，由所在地生态环境主管部门责令改正，处 5 万元以上 20 万元以下的罚款；拒不改正的，责令停产整治或者停业整治。

第三十六条　从事消耗臭氧层物质回收、再生利用、销毁等经营活动的单位，以及生产过程中附带产生消耗臭氧层物质的单位，未按照规定对消耗臭氧层物质进行无害化处置而直接排放的，由所在地生态环境主管部门责令改正，处 10 万元以上 50 万元以下的罚款；拒不改正的，责令停产整治或者停业整治。

第三十七条　从事消耗臭氧层物质生产、销售、使用、进出口、回收、再生利用、销毁等经营活动的单位，以及从事含消耗臭氧层物质的制冷设备、制冷系统或者灭火系统的维修、报废处理等经营活动的单位有下列行为之一的，由所在地生态环境主管部门责令改正，处 5000 元以上 2 万元以下的罚款：

（一）依照本条例规定应当向生态环境主管部门备案而未备案的；

（二）未按照规定完整保存有关生产经营活动的原始资料的；

（三）未按时申报或者谎报、瞒报有关经营活动的数据资料的；

（四）未按照监督检查人员的要求提供必要的资料的。

第三十八条 生产、使用消耗臭氧层物质数量较大,以及生产过程中附带产生消耗臭氧层物质数量较大的单位,未按照规定安装自动监测设备并与生态环境主管部门的监控设备联网,或者未保证监测设备正常运行导致监测数据不真实、不准确的,由所在地生态环境主管部门责令改正,处 2 万元以上 20 万元以下的罚款;拒不改正的,责令停产整治或者停业整治。

第三十九条 进出口单位无进出口许可证或者超出进出口许可证的规定进出口消耗臭氧层物质的,由海关依照有关法律、行政法规的规定予以处罚;构成犯罪的,依法追究刑事责任。

以欺骗、贿赂等不正当手段取得消耗臭氧层物质进出口配额、进出口审批单、进出口许可证的,由国家消耗臭氧层物质进出口管理机构、国务院商务主管部门依据职责撤销其进出口配额、进出口审批单、进出口许可证,3 年内不得再次申请,并由所在地生态环境主管部门处 10 万元以上 50 万元以下的罚款。

第四十条 拒绝、阻碍生态环境主管部门或者其他有关部门的监督检查,或者在接受监督检查时弄虚作假的,由监督检查部门责令改正,处 2 万元以上 20 万元以下的罚款;构成违反治安管理行为的,由公安机关依法给予治安管理处罚;构成犯罪的,依法追究刑事责任。

第四十一条 因违反本条例规定受到行政处罚的,按照国家有关规定记入信用记录,并向社会公布。

第六章 附 则

第四十二条 本条例自 2010 年 6 月 1 日起施行。

司法部、生态环境部负责人就《国务院关于修改〈消耗臭氧层物质管理条例〉的决定》答记者问

2023年12月29日，国务院总理李强签署第770号国务院令，公布《国务院关于修改〈消耗臭氧层物质管理条例〉的决定》（以下简称《决定》），自2024年3月1日起施行。日前，司法部、生态环境部负责人就《决定》有关问题回答了记者提问。

问： 请简要介绍修改《消耗臭氧层物质管理条例》的背景。

答： 加强消耗臭氧层物质管理，是保护臭氧层和生态环境、应对气候变化的重要举措。为推动保护臭氧层工作，国际社会于1987年达成了《关于消耗臭氧层物质的蒙特利尔议定书》（以下简称《议定书》），《议定书》明确了受管控的消耗臭氧层物质范围以及缔约国分阶段淘汰受控物质的目标要求。我国自1991年加入《议定书》以来，认真履行国际公约义务，积极采取措施淘汰受控物质，大力推广绿色低碳替代技术，履约情况受到国际社会普遍赞誉，树立起了负责任大国形象。

为加强对消耗臭氧层物质的管理，更好履行国际公约义务，2010年国务院制定了《消耗臭氧层物质管理条例》（以下简称《条例》）。《条例》对消耗臭氧层物质生产、使用、销售、回收、再生利用、进出口等环节的管理措施均作了明确规定，构建了全链条的管理制度。《条例》施行10多年来发挥了积极作用，我国对消耗臭氧层物质的管理更加规范、有力，成效更为显著。

2016年10月，《议定书》第28次缔约方大会通过了《〈关于消耗臭氧层物质的蒙特利尔议定书〉基加利修正案》（以下简称《基加利修正案》）。2021年4月，习近平主席宣布中国已决定接受《基加利修正案》，同年9月15日《基加利修正案》对我国正式生效。为与国际公约对接，有

必要对《条例》有关内容进行修改。同时，根据实际情况，需要通过修改《条例》，进一步完善消耗臭氧层物质管理措施，提升监管效能，强化法律责任，加大对违法行为的处罚力度。《条例》修改后，我国消耗臭氧层物质管理制度将更加完善，有力促进为应对气候变化作出新的贡献。

问：这次修改《条例》的总体思路是什么？

答： 这次修改《条例》的总体思路非常明确，就是坚持突出重点，聚焦与国际公约对接、完善消耗臭氧层物质管理措施、强化法律责任等问题确定修改内容，着力增强针对性实效性。

问：在对接国际公约方面作了哪些修改？

答： 主要有两个方面。一是《基加利修正案》将氢氟碳化物纳入《议定书》受控物质范围。氢氟碳化物虽不直接破坏臭氧层，但具有高全球升温潜能值，是《联合国气候变化框架公约》管控的温室气体之一。适应这一变化，这次修改将《条例》所称的消耗臭氧层物质界定为"列入《中国受控消耗臭氧层物质清单》的化学品"，不再保留"对臭氧层有破坏作用"的限定性表述，以便将氢氟碳化物纳入受控清单。二是《基加利修正案》对氢氟碳化物设定的目标是逐步削减而不是淘汰，据此将《条例》中的"《中国逐步淘汰消耗臭氧层物质国家方案》"修改为"《中国履行〈关于消耗臭氧层物质的蒙特利尔议定书〉国家方案》"，这样在表述上更具有包容性。

问：从哪些方面进一步完善了消耗臭氧层物质管理措施？

答： 主要有三个方面。一是《条例》授权国务院生态环境主管部门规定消耗臭氧层物质使用单位不需要申请领取使用配额许可证的情形，但对这类不领取许可证的单位如何管理，措施不够明确。有鉴于此，《决定》将这类单位纳入《条例》对消耗臭氧层物质销售单位等实行的备案管理范围。实际执行中生态环境主管部门实行线上备案，不会加重企业负担。二是对生产过程中附带产生消耗臭氧层物质的单位，明确要求其按规定对所产生的消耗臭氧层物质进行无害化处置，不得直接排放。三是为提升监管效能，规定生产、使用消耗臭氧层物质数量较大以及生产过程中附带产生消耗臭氧层物质数量较大的单位应当安装自动监测设备，与生态环境主管部门的监控设备联网，并保证监测设备正常运行，确保监测数据真实准确。上述措施都是在总结实践经验的基础上,根据加强消耗臭氧层物质管理的实际需要作出的规定。

问:在完善法律责任方面作了哪些规定?

答:完善法律责任是这次修改《条例》聚焦的重点内容之一。**一是**对这次修改中补充规定的管理措施,相应明确了违反规定的法律责任。例如,针对将已淘汰的消耗臭氧层物质用于制冷剂、发泡剂、灭火剂、溶剂、清洗剂、加工助剂、杀虫剂、气雾剂、膨胀剂等用途的违法行为,规定了没收违法所得、罚款等处罚。**二是**加大处罚力度,完善处罚种类,提高了对违法行为的罚款数额,对部分违法行为增加了责令停产整治或者停业整治的处罚。**三是**明确对因违反规定受到行政处罚的,记入信用记录并向社会公布。

问:除上述主要修改内容外,对《条例》还作了哪些修改?

答:除上述主要修改内容外,还根据党和国家机构改革等情况,对《条例》中有关部门名称等表述作了相应调整。比如,将"环境保护主管部门"修改为"生态环境主管部门","县级以上地方人民政府环境保护主管部门"修改为"地方人民政府生态环境主管部门","所在地县级以上地方人民政府环境保护主管部门"修改为"所在地生态环境主管部门";以及将"出入境检验检疫机构"修改为"海关","《出入境检验检疫机构实施检验检疫的进出境商品目录》"修改为"必须实施检验的进出口商品目录",等。

问:在抓好《决定》的实施方面有哪些考虑和安排?

答:主要有以下考虑和安排。**一是**深入组织普法宣传和培训。生态环境部将会同有关方面,采取多种形式做好《决定》的宣传解读和培训等工作,使有关各方充分知晓和准确掌握《决定》内容,为《决定》顺利实施营造良好环境。**二是**完善有关配套规定。生态环境部将会同有关部门修订履约国家方案和有关受控清单,制定安装自动监测设备等方面的具体管理办法,把《决定》的内容进一步落实落细。**三是**加强监督检查。不断加强执法队伍建设,提升执法能力和水平,加大监督执法力度,严格依法查处违法行为,切实做好《决定》的贯彻实施。

图书在版编目（CIP）数据

消耗臭氧层物质管理条例释义 / 张要波，赵柯，李天威主编. -- 北京：中国法治出版社，2025.4.
ISBN 978-7-5216-5121-8

Ⅰ. D922.680.5

中国国家版本馆 CIP 数据核字第 2025859X2S 号

责任编辑：秦智贤　　　　　　　　　　　　　　　　封面设计：蒋怡

消耗臭氧层物质管理条例释义
XIAOHAO CHOUYANGCENG WUZHI GUANLI TIAOLI SHIYI

主编/张要波　赵柯　李天威
经销/新华书店
印刷/三河市国英印务有限公司
开本/710 毫米×1000 毫米　16 开　　　　　印张/ 7.5　字数/ 100 千
版次/2025 年 4 月第 1 版　　　　　　　　　2025 年 4 月第 1 次印刷

中国法治出版社出版
书号 ISBN 978-7-5216-5121-8　　　　　　　　　　　　　　定价：32.00 元

北京市西城区西便门西里甲 16 号西便门办公区
邮政编码：100053　　　　　　　　　　　　　　传真：010-63141600
网址：http://www.zgfzs.com　　　　　　　　编辑部电话：010-63141798
市场营销部电话：010-63141612　　　　　　　印务部电话：010-63141606

（如有印装质量问题，请与本社印务部联系。）